KB148521

명랑한
중년____

웃긴데
왜 찡하지?

흔들리고
아픈 중년을 위한
위로와 처방

명랑한
중년 ——

웃긴데
왜 찡하지?

문하연 지음

평단

프롤로그

어렸을 땐 중년이 되면 욕망이 사라지는 줄 알았다. 더 뜨거워질 마음도, 뾰족하게 날이 설 마음도 없이, 반은 세상을 초월한 채로 살아질 줄 알았다. 남편에게 사랑받고, 아이들을 돌보며, 행복한 가정을 만드는 것이 여자의 삶이자 행복이라 철석같이 믿었다. 20대 중반에 결혼했고 아들도 둘을 낳아 키웠다. 육아는 때때로 방문을 걸어 잠그고 대성통곡할 만큼 고되었지만, 행여 모성애가 부족한 엄마로 보일까 봐 눈가에 눈물을 매달고도 남들 앞에선 미소를 지었다.

아이들이 사춘기가 되면서 자아가 발달하다 보니 부모와 부딪히는 일이 발생했다. 이럴 땐 말이 흉기가 될 수 있음을 알기에 최대한 말을 아꼈다. 대신 아이 책상 위에 짧은 편지를 남겼다. 길면 잔소리가 될 수 있기에 시처럼 압축했고 교훈적인 얘기는 하지 않았다.

이를테면 "돼지야, 사랑해. 밥 좀 작작 먹어." "까불면 죽는다." 같은 것이었다. 그리고 그 밑에 만 원짜리 한 장을 깔아놓았다. 돈은 글과 말보다 힘이 세서 아이의 삐뚤어지고 성난 마음을 가라앉히곤 했다. 역시 인간관계의 핵심은 돈이다.

아이들이 스무 살이 넘었다. 천생 '문학소녀'였던 나는 40대가 되어 '문학중년'으로 돌아왔다. 책을 읽고 글을 쓰고, 영화를 보고 글을 썼다. 그러는 동안 잠들어있던 자아가 또다시 불쑥불쑥 튀어 올라왔다. 현모양처로만 오직 내 생각 살아온 삶에 빨간 불이 들어온 것이다. 왜 내 꿈에 내가 없지?

자아 찾기가 시작되었다. 문학중년답게 글을 쓰러 다녔다. 사적인 글쓰기만 해온 터이기에 공적인 글쓰기는 뭐가 다른지 궁금했다. 그 길 위에서 은유 작가를 만났고 그의 권유에 따라 〈오마이뉴스〉에 투고했다. 투고는 곧 연재로 이어졌다. 제목은 '명랑한 중년.' 내 명랑한 캐릭터에 딱 맞는 제목이었고, 이는 내게 날개를 달아주었다. 이렇게 이 책이 세상에 나오게 되었다.

신문사 편집자는 다소 엉뚱하고 실소가 터지는 내 글에 어떤 독자보다도 뜨거운 박수와 응원을 보내주었다. 이에 나는 신이 나서 열심히 썼다. 그간의 한을 풀었다. 반응은 예상보다 뜨거웠고 어떤 날엔 다양한 문학중년들로부터 구구절절 상담을 요청받기도 했다. 심리상담가도 아니고, 무릎팍도사는 더더군다나 아니기에 무슨 말을 해야 할지 몰라 어정쩡하게 있는 동안 시간이 흘러버렸다. 일일이 답장해드리지 못한 점, 이 자리를 빌려 사과의 말씀을 전하고 싶다.

연재를 시작하고 딱 일 년이 되었을 무렵, 신문사로부터 한 통의 전화를 받았다. 내가 시민기자 대상에 해당하는 '뉴스게릴라상'을 받는다는 내용이었다. 너무 좋았는데, 슬프기도 했다. '왜 이제야 나는.' 하지만 모든 건 때가 있는 법. 그렇게 내 마음을 추슬렀다.

여기에 탄력을 받은 나는, 그간 나를 지탱해주던 것들, 이를테면 미술, 음악, 문학에 대해 미친 듯이 글을 썼다. 글을 쓸 때만 나는 나로 오롯이 존재했다. 그러는 동안 친구들은 다 떨어져 나갔다. 그러니 외로워졌고, 외로우니 또 글을 썼다.

미술에 관한 책이 먼저 나왔다. 장안의 화제를 몰고 온 오직 내 생각 《다락방 미술관》. 그리고 지금 이 책, 다음엔 클래식에 관한 책이 기다리고 있다. 미술, 수필, 음악까지 내가 원하는 3종 세트를 다 썼으니 여한이 없다. 그리고 나는 또다시 새로운 것에 도전 중이다.

요즘 난 드라마를 쓰고, 시나리오를 쓰고 있다. 물론 편성이 된다는 보장은 없다. 다만 내가 하고 싶은 것을 할 뿐이다. 어쩌면 나는 명랑한 중년보다 도전하는 중년이란 말이 더 맞을지도 모르겠다. 중년이 된 지금 욕망이 더 커졌다. 욕망하는 중년. 나이 마흔이 불혹은 개뿔! 나이와 욕망은 무관함을 이제야 알겠다.

너도나도 할 것 없이 너무 힘든 날들이 계속되고 있다. 지치고 힘든 사람들에게 나는 이 책이 무엇보다도 재미있게 읽히기를, 읽는 동안 웃음이 나왔으면 좋겠다.

이 책이 나오기까지 감사한 사람이 너무 많다. 내 글의 첫 번째 독자로 내 글을 편집해주신 이주영 기자님, 최은경 기자님, 그리고 홍현진 기자님, 고맙습니다.

내가 밥을 먹었는지 안 먹었는지가 항상 궁금한 내 친구 박정순, 김치며 된장이며 내가 말라 죽지 않도록 반찬을 날

라준 내 고마운 친구. 내 글에 싫든 좋든 항상 '좋아요'를 눌러주는 친구 송제하, 말은 세도 마음은 따뜻한.

　내 사랑하는 가족들, 지금도 글을 쓰는 내 발등에 앉아있는 우리 집 강아지 미미와 미나, 이 글에 등장해주신 모든 분께 감사드립니다.

_2020년, 코로나19로 모두가 힘든 여름,
당신의 안부를 걱정하는 문하연 올림
2020. 6

차 례

첫 번째 이야기 · 삶
'화양연화' 나를 버티게 하는 기억들

첫 번째 이야기 · 삶 —— '화양연화, 나를 버티게 하는 기억들

5월의 광주 캠퍼스를 홀린 여자,
그게 바로 나였다

80년대 광주는 사계절이 뜨거웠다. 최루탄은 초봄의 황사처럼 늘 공기를 꽉 채우고 있었고 우리는 슬픔인지 매움인지 모를 눈물을 달고 살았다.

민주화 운동이 한창이던 그 시절, 광주 시내 한복판에 있는 고등학교에 다녔다. 학교는 진압대로부터 도망 온 대학생들과 시민들의 도피처가 되면서 조퇴와 휴교를 반복했다.

조퇴를 한들 사방이 통제되어 집까지 돌아 돌아 걸어 도착하면 밤이 되었다. 교복 자율화로 사복을 입었던 우리는 대학생들과 섞여 있으면 구별되지 않아 다짜고짜 잡혀갔다. 진압대가 보이면 숨어야 했고 남들이 뛰면 뛰어야 했다.

그렇게 고등학교를 졸업한 나는 간호학과에 진학했다. 딱히 꿈이 있었던 것도 아니었다. 막연히 대학생이 되면 대학가요제 같은 곳에 도전해보고 싶다는 생각만 있었다.

돌이켜보면 나는 성적도 외모도 성격도 눈에 띄는 아이는 아니었다. 그런데 소풍이나 수학여행 가서 무대가 생기면 아무런 준비 없이 그냥 앞으로 나갔다. 뭘 하겠다고 주변에 말한 적 없으니 모두가 '뜨악' 했으나 나도 뭘 하리라고 맘먹지 않았기 때문에 미리 말할 것도 없었다.

나는 다짜고짜 노래했고 이후 소녀들로부터 각종 선물과 편지를 받았다. 아쉽게도 여고에는 소년이 없다.

노래가 끝난 순간, 전쟁이 난 줄 알았다

광주의 5월. 운동권이냐 아니냐를 논하는 건 의미가 없었다. 우리는 그 공기 속에 살고 있었고 개인적인 일이 있을 때를 제외하곤 민주화 운동에 참여했다.

그날도 집회를 계획하는 인파를 뚫고 교문을 빠져나오는데 유독 눈에 띄는 대자보가 있었다.

'캠퍼스송 경연대회'

빼앗긴 들에도 봄은 오듯이 진압 버스로 둘러싸인 대학

에도 축제는 왔다. 나는 홀리듯이 신청서를 냈다. 학기 초라 모든 게 낯설고 친구도 별로 없던 터라 '축제의 꽃, 캠퍼스 송 경연대회'에 나 홀로 참가했다.

도착해 보니 솔로는 거의 없었다. 다들 동아리에서 삼삼오오 민중가요를 창작했거나 기존 민중가요를 아카펠라나 사물놀이와 협연으로 편곡해서 준비해 왔다.

내 손에는 내가 직접 녹음한 조잡한 반주_{전주나 간주는 크게 틀어서 녹음하고 노래 부분은 최대한 줄여서 녹음한}가 담긴 카세트테이프만 덜렁 있었다.

포기하고 갈까 말까, 잠시 고민했다. 그러다 이것조차 하지 못하면 가요제에는 영영 못 나갈 것 같은 생각이 들었다. 어차피 아는 사람도 별로 없는데 노래 한 곡 한들 아무도 기억 못 할 거라는 생각으로 버티던 중 내 차례가 왔다.

진행 요원에게 테이프를 건네고 반주가 나오기를 기다렸다. 대강당을 꽉 채운 인파가 악기 하나 없이 혼자 나온 여학생에게 집중되며 일순간 적막이 흘렀다. 왜 그랬는지 모르겠지만, 나는 웃음이 나왔다. 아마 어색해서 그랬던 것 같은데 내가 웃으니 관객도 웃었다.

30년이 지났지만 나는 그때 '그 순간'이 지금 '이 순간'보다 더 선명하다. 나는 노래를 불렀고 노래가 끝이 났다. 끝 인사를 하려고 고개를 숙였다가 드는 순간 내 귀가 먹먹했다. 어디서 전쟁이 난 줄 알았다. 함성과 박수가 끊이질 않았다.

나는 인기상을 받았고 압도적인 남학생들의 지지에 힘입어 대상 수상자와 함께 앙코르 노래를 했다. 축제마저 비장했던 그 시절, 그 비장함을 무장해제 시킨 곡은 열아홉 살 여학생이 부른 심수봉의 '그대와 탱고를'이었다.

지금 생각하면 내가 미친 듯.

그다음 날 나는 학교에서 스타가 되어있었다. 민중가요나 이문세 노래에 내 노래가 섞여 점심시간에 흘러나왔다. 같은 과 친구들은 깜짝 놀라 호들갑을 떠는데 나는 '가수는 안 되겠구나' 생각했다.

'아니 왜 내가 부를 때 들리는 목소리랑 녹음된 목소리는 이렇게 다르지?'

수업이 끝나고 강의실에서 나가는데 누군가가 나를 찾아왔다. 법학과 다닌다는 그는 내 공연을 봤다며 커피 한잔, 하고 싶단다. 대학생이 되었다고 갑자기 어른이 되는 것도 아닌데 어른스럽게 행동하느라 진땀이 났다.

그렇게 찾아온 그는 이후 매일 찾아왔다. "이 여자가 내 여자다."라는 대자보가 교문 앞에 일주일에 두 번은 붙었고 만나주지 않자 집 앞에서, 학교에서 자해 소동까지 벌이는 게 다반사였다.

달콤꽁냥 샤방샤방한 멜로를 꿈꿨던 나는 이후 졸업할 때까지 '추격액션 공포스릴러물'을 찍었다. 가요제는커녕 생존을 걱정해야 했으니, 꿈은 물 건너갔다.

마돈나의 '라이크 어 버진' 충격받은 병원장

졸업 후 친구와 서울로 올라왔다. 친구는 수술실에서, 나는 응급실에서 일했다. '23금 격정 멜로'를 찍어보겠다는 꿈은 고된 노동 앞에서 또다시 좌절되었다.

쉬어도 몽롱한 3교대 근무와 해도 해도 쌓이기만 하는 일. 찢어진 환자 꿰매고 나면 약물중독 환자, 그를 위세척하고 나면 교통사고 환자. 아무리 뛰어다녀도 느리다. 몸이 여기저기 부딪혀 멍드는 건 예삿일.

메디컬 드라마에 나오는 러브라인은 다 헛소리이다. 우리는 매일 '닥터 잡' '널스 잡'을 나눠서 "침범했네" "안 했네."

따위로 얼굴을 붉히고, 서로 만만해 보이지 않으려고 웃겨도 화를 냈다.

경력이 짧은 간호사들은 명절이나 연말 회식 때 일을 해야 했으므로, 4년이 지난 후에 나는 처음으로 연말 단체 회식에 갔다. 유흥주점을 통째로 빌려, 당일 근무자들을 뺀 병원장 이하 직원들이 모두 모였다. 부서별로 테이블에 둥그렇게 앉았다.

식전 행사가 끝나고 장기자랑 시간이 왔다. 1등 한 팀은 상금 30만 원. 테이블마다 누가 대표로 나갈지 정하느라 웅성거렸다. 몇몇 팀들은 무대를 중심으로 삥 둘러서서 합창을 했다. 팀을 병풍처럼 세우고 혼자서 돌고래 초음파 같은 고음을 질러대는 선수도 있었다.

나는 '닥치고 솔로'이다. 평소에 밝고 상냥하긴 했어도, 술을 못 마시고 내 끼를 보여준 적도 없어서 황당해하는 응급실 선배님들에게 약속했다.

"저 상금을 반드시 따다 드리겠습니다!"

발목에 무리가 갈 수 있는 하이힐을 벗고 묶었던 머리를 풀었다. 밴드 마스터에게 내가 부를 곡을 알려준 뒤 무대 중앙에 선 나는 음악이 나오기도 전에 정체 모를 웨이브를 시작했다. 조명은 나를 취하게 하고 성실함은 타인을 기쁘게 한다. 손뼉을 쳐야 할지 웃어야 할지 헷갈린 순수한 영혼들이 허공을 떠다녔다.

마돈나의 '라이크 어 버진' 노래가 끝났을 때 나는 우리 팀 테이블 위에 있었고, 손에 든 맥주는 어디에 뿌렸는지 빈 병이었다. 문화충격을 받은 병원장은 정신이 혼미해져서 상금 50만 원을 내게 주었다.

업무에 복귀한 나는 이후 세 명의 직원으로부터 쪽지를 받았다. 그중 가장 불쌍해 보이고, 나 아니면 구제해줄 사람 없을 것 같은 인간의 손을 잡았다. 나는 나이팅게일이니까.

묵직한 삶의 2막

무대 1막이 끝나고 나니 묵직한 삶의 2막이 이어진다. 새로운 가족이 생기고 아들도 둘을 낳았다. 엄마가 된다는 것은 자연스러운 일임과 동시에 매일이 생소한 날의 연장이다. 아이들이 어리면 어린 대로, 크면 큰 대로 그 덩치만큼 문제의 크기도 커진다.

'산 넘어 산'이라고 그렇게 산을 넘다 보니 아이들은 성인이 되었고, 내 나이도 오십이 되어간다. 생각이라는 것을 할 겨를도 없이 몸을 움직여야 했던 지난한 시간들이 23년을 훌쩍 넘었다. 안타깝게도 2막 삶의 무대는 내게 중앙을 내어주지 않는다. 그래서 숨이 턱까지 차고 내가 아무것도 아닌 것처럼 느껴지는 초라한 날이면 이 기억들을 꺼내와 그 마음에 연고처럼 바른다.

누구나 자기를 버티게 하는 기억 한 자락. 유난한 날이면 하늘을 보며 '하쿠나 마타타' 주문을 건다. 그리고 감히 다시 화양연화를 꿈꾼다.

_ '화양연화' 나를 버티게 하는 기억들
18.05.03

입시 앞두고 쓰러진 언니..
덕분에 알게 된 내 운명

우리는 사 남매이다. 언니와 나는 네 살 차이이다. 언니 아래로 오빠, 나 그리고 열 살 가까이 차이 나는 늦둥이 남동생이 있다.

언니와 나는 오랫동안 같은 방을 썼다. 손재주가 좋았던 아버지는 언니와 나를 위해 직접 나무를 사다가 침대를 만들어주셨고, 언니가 고등학교를 졸업할 때까지 우린 그 침대에서 함께 자랐다.

언니의 등 뒤에서 편지를 쓰다

어머니는 오빠에게 명문고 앞에서 하숙을 시키는 시혜를

베풀면서도, 언니와 내가 공부하는 것은 그다지 좋아하지 않았다. 시험 기간에 밤늦게까지 방에 불을 켜고 있으면, 엄마는 전기세가 많이 나온다며 여지없이 불을 껐다.

나는 엄마 말을 잘 듣는 '착한 아이'였기에 바로 책을 덮었다. 사실 책만 펴놓고 그 밑으로 일기장을 깔고 낙서를 하고 있어서, 그걸 들키는 게 더 무서웠다. 엄마는 내가 하는 일은 거의 다 쓸데없다고 했고, 대체로 엄마의 눈은 정확했다.

어둠 속에서 삼십 분 정도 속닥거리다가 언니는 책상 스탠드를 켜고 공부를 시작했다. 언니는 엄마의 말을 거역한 '불효녀'였다. 나는 언니의 등 뒤에서 흘러나오는 불빛에 의지해 일기를 쓰고, 소설을 쓰고, 편지를 썼다.

중·고등학생 때는 주로 친구들의 연애편지를 대신 썼는데, 〈목마와 숙녀〉나 〈성산포〉 같은 시의 한 구절을 주어다가 인생이 외로운 양 까불었다. 알지도 못하는 아이가 내 편지를 읽고 감상에 빠지고 사랑을 느끼는 것이 재밌었다.

그렇게 공부한 언니는 늘 전교에서 3등 안에 들었고 부모님의 자랑거리가 되었다. 다행히 나는 숨만 쉬어도 사랑받는 셋째 딸이라 반에서 30등 안에만 들어도 칭찬을 들었다.

그런 언니가 대학 입학시험을 앞두고 쓰러졌다. 뇌에 종양이 있다고 했다. 엄마는 언니를 광주에 있는 대학병원에 입원시켰고 언니는 몇 차례 큰 수술을 받았다. 나는 여수 집에서 언니가 죽을까 봐 날마다 울었다.

사 남매가 북적거리던 집은 그날 이후 조용해졌다. 아빠는 건설 현장으로, 오빠는 명문고가 있는 다른 도시로, 언니와 엄마는 병원으로, 어린 동생은 이모네로 뿔뿔이 흩어졌다. 큰 집에 나만 덩그러니 남았다.

난 모든 것을 독차지하는 외동딸 친구를 부러워했던 것에 죄책감을 느꼈다. 마치 나 때문에 이런 일이 벌어진 것처럼. 언니만 살아 돌아온다면 만지지도 못하게 했던 가죽끈이 달린 내 일기장도 내줄 생각이었다.

언니는 2년 가까이 병원 생활을 했고, 그사이 우리는 광주로 이사했다. 언니가 회복하는 동안 나는 대학생이 되었다. 무기력하게 집에만 있는 언니를 위해 나는 수업이 끝나면 곧바로 집에 와서 언니와 시간을 보냈다. 대학 생활의 꽃이라는 동아리 활동도 하지 않았고 엠티도 가지 않았다. 집에 남은 언니가 외로울까 봐 나는 일과가 끝나면 곧장 귀가했다.

당시 엄마는 언니가 악착같이 공부해서 병에 걸렸다고 단정 지었다. 그래서 다시 공부하고 싶어 하는 언니의 의견을 받아주지 않았다.

미친 듯 라디오에 사연을 보내다

그러던 어느 날, 나는 영화에서나 나올 법한 장면을 우리 집 마당에서 보게 되었다. 언니는 마당에 무릎을 꿇고 엄마에게 머리를 조아렸고, 언니 옆에는 영문을 모르는 강아지 해피가 나란히 앉아있었다. 언니는 눈물을 흘리고 있었다.

나는 자동으로 언니 옆에 무릎을 꿇고, 이유도 모른 채 같이 눈물을 흘렸다. 언니의 간절함이 통한 것인지 엄마는 언니에게 '딱 한 번의 기회'를 주었다. 언니에겐 앞으로 6개월 동안 대학 입시 공부를 할 기회가 주어졌다. 한 번 해보고 안 되면 적당한 데 선봐서 결혼하기로 약속했다.

언니는 미친 듯이 공부했다. 나는 언니의 등 뒤에서 미친 듯이 라디오에 사연을 보내고 경품을 탔다. 내가 자면 언니도 졸릴 거라는 생각에 악착같이 깨어있었다.

당시 배우 박상원 씨가 진행하는 심야 라디오 프로그램

이 있었는데 작가는 내 글이 재밌다며 경품은 물론 생방송 통화도 몇 차례 시켜주었다.

지독한 시간이 흐르고 그것보다 더 독한 언니는 6개월이 지난 후 국립대에 장학생으로 합격했다. 내 나이 스물, 언니 나이 스물넷이었다. 합격자 발표가 있던 날 밤, 언니와 나는 밤새 이불 속에서 아카데미 4관왕을 차지한 봉준호 감독보다 더 뜨거운 눈물을 흘렸다.

스물다섯 살에 대학생이 된 언니는 입학하자마자 '엠티'를 갔다. 불효녀가 의리도 없다. 이래서 어리숙한 사람은 늘 손해를 본다. 그래도 난 언니의 청춘이 이제야 빛을 보는 것 같아서 기뻤다.

나는 언니가 이런저런 이야기를 할 때마다 버라이어티쇼 방청객보다 더 격한 리액션으로 답했다. 그다음 해 언니는 남자친구를 집에 데리고 왔다.

'이 배신감은 뭐지?'

나는 언니가 나 아닌 다른 누군가와 더 친밀해진다는 사실이 이해되지 않았다. 혼란스러운 이 감정을 아무렇지 않은 척 대신했다. 그래야 할 것 같았다.

그런데 언니가 결혼을 해버렸다. 결혼식장에서 얼마나 울었던지 결국 나는 엄마한테 쫓겨났다. 좋은 날 재수 없게 운다고. 언니의 결혼식 사진에는 내가 없다. 가족 단체 사진에도 나는 없다.

시간이 흘러 지독하게 공부했던 언니는 교사를 거쳐 장학사가 되었고, 언니 등 뒤에서 쓸데없는 짓이나 하던 나는 간호사를 거쳐 글을 쓰는 사람이 되었다.

돌아보면 모든 게 운명이었다. 그렇게 살아왔으니 내가 글을 쓰는 건 어쩌면 당연한 일이다.

40대 후반, 계속 글을 쓰다

"내가 앞으로 어떤 사람이 될지는 현재를 보면 안다."는 말이 맞다. 어떤 사람이 되고 싶다면 지금 어떻게 해야 하는지가 명확해진다. '이런다고 될까?'라고 나 자신을 의심할 시간에 할 일을 하면 되는 것이다. 사실 이것은 나에게 하는 소리이다.

지난주 이름만 들어도 알 만큼 유명한 모 방송국 드라마 피디를 만났다. 석 달 전, 그는 내가 쓴 드라마의 단점만 요목조목 짚어서 말했다. 하마터면 "그렇게 잘 아시면 직접 쓰지 그래요?"라는 말이 튀어나올 뻔했다.

　이후로 나는 지독한 슬럼프를 겪었다. 그분의 뼈아픈 충고 때문이 아니라, 이것밖에 안 되는 나 자신이 한없이 부끄러워서였다. 지난주 만난 그는 그런 내게 현실적인 조언과 함께 뜬금없는 격려를 아끼지 않았다.

　놀라운 것은 그와 내가 나눈 대화가 지금 상영 중인 영화 〈작은 아씨들〉에 그대로 나온다는 것이다. 영화 초반 프리드리히 교수는 조 마치가 신문에 연재한 글을 보며 '자신만의 고유성이 없다.'는 식으로 비평한다.

　조 마치는 자신이 팔기 위한 글을 썼다는 사실을 알면서도 그 지적을 받아들이기가 힘들었다. 영화를 보면서 나는 왈칵 눈물을 쏟았다. 문득 '내가 저런 모습이었겠구나.' 하는 생각이 들었다.

　스무 살의 나에겐 뭔가를 쓰는 일이 숨을 쉬고 밥을 먹는 행위와 같았다. 그게 금방 업으로 이어지지는 않았지만 계속 그랬다. 계속 그랬더니 그 길이 열렸다. 마흔 후반에서야 말이다. 늦었다는 생각이 들기는커녕 글로 돈을 번다는 사실이 신기하기만 했다. 그리고 몇 년은 공기 위를 걷듯이 글을 썼다. 행복했다.

그리고 지금 나는 덜컹거리고 있다. 이 덜컹거림이 한 단계 성숙으로 가는 길인지 퇴보인지는 잘 모르겠다. 내가 유일하게 아는 것은 그러든지 말든지 계속 써야 한다는 것이다. 안 써지면 안 써지는 대로, 잘 써지면 잘 써지는 대로 말이다. 그러는 동안 내가 또 무엇이 되어있을지는 아무도 모르는 일이니까.

오늘 언니가 서울에 올라왔다. 이번에 대학을 졸업하는 딸 짐을 챙기러 온 것이다. 언니 딸이랑 내 아들은 동갑인데, 언니 딸은 대학을 졸업했고 내 아들은 올해 5수를 했다.

넷이 밥을 먹는데 언니는 내 아들에게 "스물다섯 살에 대학 입학했어도 이렇게 잘 살고 있으니 걱정하지 말라."고 위로한다. 글 쓰고 싶은 조카는 글을 잘 쓰려면 어떡하면 좋은지 내게 묻는다. 그건 나도 궁금하다고 진심으로 답했다.

다만 글을 쓰면서 생각한다. 안개 속을 걷듯 막막한 이십대의 내 아들과 조카에게 언니와 내 지난날이 한 가닥 위로가 되기를.

"아끼다 뭐 된다."라는 말도 맞다. 가죽끈이 달린 일기장 이야기이다. 아끼느라 못 썼는데 이사하면서 잃어버렸다.

소 잃고 외양간 고치는 교훈, 있을 때 맘껏 즐기라. 그게
뭐든.

_[창간 20주년 공모전 우수상 – 나의 스무 살]

언니의 등 뒤에서

20.02.25

간호사가 이런 일을 할 줄이야,
난 미처 몰랐다

응급실 간호사로 일했다. 응급실은 전쟁터와 비슷하다. 긴박하고 고성이 오가고 피가 난무하고 생사가 나뉘는 곳.

심폐소생술을 할 때는 긴장감 속에 엄숙함과 신성함마저 감도는데 그 시간, 그 환경 속에 내가 들어있는 것이 좋았다. 누군가의 생명을 살릴 수 있는 특권. 그 어마어마한 특권을 가진 그룹에 속한 내가 자랑스러웠다

첫 직장인 그곳에서 선배들에게 인정받고 싶고 내 환자들에게 도움이 되고 싶어서 남들보다 1.5배속으로 움직였다. 밤새워 일해도 긴장한 탓인지 배가 고프지 않았다. 그래서 선배들이 탈의실에서 야식을 먹을 때도 나는 응급실을

지켰다.

 사실 야식 시간이 따로 있는 것은 아니고 잠깐 한가한 틈에 컵라면이나 도시락을 그야말로 흡입하는 것이니 억울하거나 부당하다고 느끼진 않았다. 3교대 근무라 식사 시간이 불규칙할 수밖에 없는 데다가 근무 중에도 밥을 굶는 일이 부지기수였다. 응급 환자를 두고 밥을 먹을 수는 없으니까.

 "교대로 먹으면 되지."는 뭘 모르는 소리이다. 응급 상황때는 동시에 많은 손이 필요하다.

 …결국 나는 계란을 한 손에 꼭 쥐었다. 급히 마스크로 얼굴의 반을 가리고 사람들이 오가는 중환자실 문 뒤로 몸을 숨겼다. 그리고는 피 묻은 폐기물 박스 앞에서 마음을 졸이며 껍질을 벗겨 누가 볼 새라 황급히 계란 한 알을 통째로 입안에 쑤셔 넣었다. 마스크 안으로 다급하게 입을 오물거리고 있던 내 눈에 창가의 따스한 봄볕이 들어왔다. 제대로 씹지도 못한 계란을 급히 삼키며 잠시 내려다본 바깥엔 내가 있는 곳과 전혀 다른 세상이… (중략) 이유도 없이 갑자기 눈물이 핑 돌았다.

_김현아, 《나는 간호사, 사람입니다》

중환자실에서 근무하는 저자 김현아 씨는 오전 근무 날, 하루 종일 응급 상황이 발생해 아침도 거르고, 점심 먹을 10분이 없었던 그날을 그렇게 기록했다.

눈에 보이는 듯 내게도 선명한 장면이다. 몸은 고되고 속은 허기지고 밥은커녕 물 한 잔 마시기도 허락되지 않던 날들. 그래서 경력이 쌓여갈수록 나는 마른 나뭇잎처럼 바스락해져 갔다.

아침 근무를 하는 날엔 새벽 다섯 시에 일어나야 한다. 행여 늦잠이라도 자서 늦을까 봐 15분마다 깨는 바람에 잔 것 같지도 않았다. 여섯 시가 조금 넘은 시간에 병원에 도착한다. 인수인계 시간은 일곱 시. 미리 비품도 챙겨야 하고 기계들의 작동도 확인해야 한다.

근무가 시작되고 점심 무렵 교통사고 환자들이 한꺼번에 들어왔다. 그중 한 명은 호흡이 없다. 인턴이 환자 위로 올라가 심장마사지를 하고 레지던트가 기도 확보를 위해 관을 삽입한다. 선배가 이를 어시스트하고 나는 가위를 들고 재빨리 옷을 자른다. 외상을 확인하면서 동시에 심장이 뛰는지를 볼 수 있는 기계와 다른 필요한 기계들을 몸에 붙이고 혈관을 찾아 바늘을 넣고 피검사 샘플을 뽑고 수액을 연결한다.

　인공호흡기를 달고 심장 전기충격을 하고 심장을 뛰게 하는 약물을 주입했지만 잠깐 돌아온 맥박은 힘없이 꺼져버렸다. 삶과 죽음의 고비에서 그를 삶의 장으로 끌어오지 못했다.

　환자에게 부착된 모든 것들을 제거하고 오물과 피가 범벅이 된 환자를 깨끗이 닦아준다. 마지막 길을 떠나는 그에게 살리지 못한 죄스러운 마음을 담아 내가 할 수 있는 '인간에 대한 예우'를 다한다. 이런 날에는 아침, 점심은커녕 자취방에 돌아와서도 밥이 안 넘어갔다.

　간호사가 가족조차 꺼리는 사망한 환자를 양치시키고 열린 항문으로 끊임없이 흘러나오는 대변을 씻겨주며 소독약으로 얼룩진 몸을 구석구석 닦고 면도하는 것은 돈이 되지 않는다. 하지만 나는 지금껏 그래왔고 내 후배들에게도 그렇게 가르쳐왔다. 그건 '인간에 대한 예우'였다. 아무리 열심히 해도 합당한 보상을 받을 수 없는 일이었지만 그런 후배 간호사들에게 미안하게도 나는 항상 "복 받을 거야."라는 말로 격려할 뿐… (중략) 수많은 간호사들이 돈이 되지 않는 인간에 대한 예우를 하느라 병원에서 얼마나 많은 일들을 하고 있는지 사람들은 모른다.

_김현아, 《나는 간호사, 사람입니다》

응급실 일이 힘에 부치던 나는 병동 근무가 가능한 병원으로 이직했다. 일의 강도는 덜했지만 낯선 일에 적응하는 게 쉽지 않았다.

내가 일하는 격리 병동 1인실에 결핵 환자가 입원했다. 결핵균은 공기 중을 떠다니다가 면역력이 떨어진 사람에게 감염된다. 건강한 사람은 설령 같이 있다 해도 걸리지 않는다.

활동성 결핵 환자였던 그로부터 나는 결핵에 감염되었다. 내장이 딸려 나올 지경까지 마른기침이 터져 나왔고 진땀으로 온몸이 흠뻑 젖었다. 감기가 아님을 직감한 나는 검사를 받았고 결핵 판정을 받았다. 그날로 나는 병원을 나왔다. 병원 생활 5년만이었다.

대충 짐을 꾸려 시골집으로 내려갔다. 나를 보자 엄마는 "그거 밥 잘 먹으면 낫는 병이라더라. 암것도 아니라더라." 했다. 아무것도 아님을 강조하며 내 손을 잡고 주방으로 앞장섰다. 엄마는 진짜 밥이 약이라고 생각한 것 같았다. 식후에 또 밥을 내밀었다.

맨손으로 호랑이도 때려잡을 것처럼 기세등등하던 엄마도 병든 딸 앞에서 눈물을 흘렸다. 밤이면 내 방으로 조용히 들어와 웅크리고 자고 있는 내 등을 한없이 문질렀다. 비몽사몽 나는 엄마의 따뜻한 체온을 느끼며 다시 잠으로 빠져들었다.

행여 부모님께 전염될까 봐 대부분의 시간을 혼자 보냈다. 자발적인 격리 상태. 하루 스무 시간 신생아처럼 잠을 잤다. 책도 TV도 볼 기력이 없었다. 외롭지도 않았다. 밀려오는 잠과 방바닥에 달라붙은 몸만 있었다.

결핵은 새벽 공복에 약을 한 주먹 먹어야 한다. 조금 지나니 어지럼증과 메스꺼움에 화장실 가기도 힘이 들었다. 소변에서는 독한 항생제 냄새가 났고 그게 싫어서 나는 물을 두 번 내렸다.

그렇게 방으로 돌아와 약물과 사투를 벌이고 1차 방어에 성공할 무렵 엄마가 밥상을 들고 온다. 엄마는 송아지 같은 눈을 꿈뻑이며 내가 한 숟가락이라도 더 뜨길 원했지만, 숟가락이 무거워서 국도 포기했다. 나를 덮친 결핵균은 힘이 세서 나는 몸무게가 40킬로그램 안팎까지 여위었다. 이러다 죽을까 봐 겁도 났다.

그렇게 몇 달이 지났다. 내 상태는 호전되고 있었다. 그제야 엄청난 소외감이 밀려왔다. 때때로 억울했다.

'미련하게 왜 그리 몸 바쳐서 일했을까? 적당히 할걸.'

누구보다도 일찍 출근했고 마지막에 퇴근했다. 누군가 아프거나 일이 생기면 대타를 자청했다. 밀려드는 환자와 선후배 간호사들을 배려하고 챙기느라 정작 나는 병들어갔다. 자기 몸도 못 챙기는 사람이 감히 누굴 챙긴다고.

그들의 안부 전화는 나를 더 무력감에 빠뜨렸다. 다들 잘 지내고 있는데 나만 한없이 뒤처지고 사회로부터 격리되는 기분.

그 환자의 메르스 판정과 동시에 전 메르스 격리 대상자가 됐습니다. 그리고 사람들의 시선이 바뀌었습니다. 아무와도 마주치지 않으려고 숨어서 출근하고 숨어서 퇴근합니다. 퇴근 후에는 바로 집으로 돌아와 스스로를 격리합니다. … (중략) 저희들도 사람입니다…. 병이 무섭기도 합니다. 하지만 저희들의 손길을 기다리는 환자들이 있기에 병원을 지키고 있습니다. 고생을 알아달라고 하는 것은 아닙니다…. 차가운 시선과 꺼리는 몸짓 대신 힘주고 서 있는 두 발이 두려움에 뒷걸음치는 일이 없도록 용기를 불어넣어 주세요.

_김현아, 《나는 간호사, 사람입니다》

얼마나 많은 눈물을 흘리며 읽었는지 모른다. 너무 아파서, 공감돼서, 지금도 여전해서. 열악한 의료 현장에서 고군분투하고 있는 간호사들에게 응원과 위로의 박수를 보낸다. 그리고 힘들고 아팠던 내 청춘에게도.

이후 나는 경력 인정이 안 되고 월급은 적지만 교대가 필요 없고 점심시간이 있는 개인병원에서 일했다. 일을 할수록 간호사가 천직이라 느껴졌다.

수많은 사람들을 만나고 그들과 살을 부딪치며 깨닫게 되는 것들은 살아있는 것들이어서 감히 돈으로는 교환할 수 없는 값진 뭔가를 남긴다. 삶의 스펙트럼이 넓고 깊어져 지켜야 할 중요한 것과 흘려보내도 되는 사소한 것을 구별하는 힘이 생긴다.

그리고 누군가의 상처를 돌보는 일은 선한 일이니까. 간호사는 궁극적으로 선한 일을 하는 사람들이다. 이런 이들의 처우가 제발 개선되었으면.

간호사도 사람임을 가끔 잊는 사람들, 간호사가 되고 싶은 사람들, 현재 간호사인 분들께 이 책을 권한다. 다만 간호사 가족을 두고 있는 분들은 절대 읽지 마시길. 너무나 가슴이 아플 테니까.

_간호사, 그 아름답고도 슬픈 직업에 대하여
18.05.12

애 키우면서 못 들어본 말,
"엄마는 누가 돌봐주죠?"

해도 해도 끝없이 새로운 이야기가 있다. 군필한 남자에게 그것이 군대 이야기라면, 아이 엄마에게는 출산 이야기가 그렇다. 간호사인 나는 병원 실습 때 처음 출산 장면을 목격했다.

"으아~~~"하는 산모의 비명과 "조금만 더" 힘을 주라는 의료진들의 목소리가 섞여 나도 모르게 주먹을 꽉 쥐고 서 있느라, 보는 것만으로도 어깨에 담이 왔다.

마침내, 도저히 사람 머리가 튀어나올 수 없어 보이는 그곳에서 아이의 시커먼 머리와 함께 밀려 나오는 오물은 충격을 넘어섰다. '이렇게 이쁜 아이가 저렇게 무시무시하게 태어나는구나.'를 깨닫는 순간이었다.

애는 같이 낳아놓고 달라진 부부의 삶

그날이 내게도 왔다. 저녁부터 진통이 밀려왔지만, 곧바로 병원에 가는 대신 밤새 참았다. 날이 밝자 친정엄마는 비장한 얼굴로 아침부터 고기를 볶았다. 고기를 볶다가 내가 식탁에 엎드리면 내 등 뒤로 와서 내 배를 문질문질했다.

"엄마도 이렇게 아팠어?"

끙끙대는 내 물음에 엄마는 대답 대신 안타까운 감탄사 '아이고'만 연발했다. 고개를 들어 엄마를 보니 엄마는 나보다 더 많은 땀을 흘리고 있었다. 나는 괜히 맘이 찡해져서 말없이 진통 사이사이 꾸역꾸역 밥을 먹었다.

병원에 도착하니 자궁문이 많이 열렸다며 분만 촉진제를 놓아주었다. 곧바로 양수가 터졌다. 하지만 곧 나올 것 같던 아이는 오후 세 시가 넘어도 나오지 않았고, 에어컨을 틀었는지 안 틀었는지 모를 여름 속에서 나는 점점 탈진해갔다. 마지막으로 분만대로 옮겨야겠다는 간호사의 말을 아련히 들으며 나는 기절해버렸다.

눈을 뜨니 회복실이었다. 의사가 다가와 정신이 드느냐고 묻더니 응급으로 제왕절개를 했고 아이는 건강하다고 했다.

갑자기 눈물이 줄줄 흘렀다. 수술실 문이 열리자 제일 먼저 엄마가 뛰어왔고 옆에 사색이 된 남편이 엉거주춤 꽃다발을 들고 서 있었다.

병실로 옮기고 엄마도 집으로 돌아가자 남편은 참았던 눈물을 흘리며 무릎을 꿇었다. 내가 애 낳다가 죽을까 봐 무서웠다며 앞으로 평생 나를 위해 살겠다고 뜬금없는 맹세를 했다feat. 거짓말이야.

한고비 넘겼다고 생각했는데, 역시 인생은 고비고비 고비 사막. 젖이 불기 시작했다. 커지는 젖의 크기와 맞물려 진짜 엄마가 된 듯한 뿌듯함이 몰려온 것도 잠시. 가슴 전체가 돌덩이처럼 굳어지더니 아프다. 누구는 〈앵무새 몸으로 울었다〉제20회 대종상 여우주연상에 빛나는 영화 제목는데, 나는 젖소 가슴으로 울었다.

남편은 의사의 지시대로 고무장갑 안에 면장갑을 끼고 뜨거운 물수건을 짜서 내 가슴에 올리고 마사지를 시작했다. 수건을 교체하려고 걷어낼 때마다 내 가슴은 마블링이 선명한 꽃등심처럼 벌겋게 익었다. 잘 익은 꽃등심을 유축기에 대고 짰다. 하지만 생각만큼 유선은 뚫리지 않고 결국 꼭지가 갈라져 피가 났다. 이 짓을 한 달 넘게 했다.

아이가 젖을 먹다가 고개를 휙 하고 돌려서 살펴보면 아이 입속에 피가 고인 적도 있었다. 스치기만 해도 소름이 끼치는 통증 때문에 수유 브라는 몸에 대지도 못했다.

아이가 울면 자동으로 젖이 나오니 입고 있는 헐렁한 면 티는 가슴 부위가 얼룩덜룩해지고, 마법이 풀린 신데렐라처럼 초라한 내 모습에 몸도 마음도 너덜너덜해졌다. 돌아보면 나는 산통보다 젖몸살이 더 몸서리쳐진다.

그런데.. 나는 또 둘째를 낳았다. 세 살 터울의 아들 둘을 키운다는 것은 몸에서 사리가 나오는 정도가 아니라 등신불처럼 온몸이 사리가 되어야 한다는 것을 알았다.

젖을 먹이려고 둘째를 안으면 첫째가 울었다. 질투에 온몸이 불타오른 첫째는 식음을 전폐했다. 그즈음 우리 집에서는 세 명의 곡소리가 동시에 울려 퍼졌다.

처음, 아이 둘만 두고 잠깐 집을 비운 그 5분이 생생하다. 둘째가 백일쯤 되었을 때, 큰아이가 된장찌개를 먹고 싶다는데 두부가 없다. 집 앞 50미터 전방에 슈퍼가 있다. 두부를 사러 나가는 시뮬레이션을 해보면, 우선 커다란 유모차를 들고 나가 일곱 개 계단 아래에 내려놓고빌라 1층에 살았음 큰아이를 최대한 뒤쪽에 다리를 벌리고 앉힌다. 곧바로 뛰어들어가 둘째를 안고 나와 큰아이 다리 사이에 눕히고 출발한다. 두부를 사고 돌아와 다시 큰아이, 둘째 아이, 유모차까지 집안으로 옮기고 나면 밥이고 뭐고 드러누워야 할 판이다.

나는 큰아이가 좋아하는 펭구 비디오를 틀었다. 그리고 둘째 아이가 누워 있는 흔들침대를 큰아이 옆으로 놓았다.

"엄마 뛰어가서 두부 사 올게. 아기가 울면 침대 좀 흔들어 줘."

큰아이는 고개를 끄덕였다. 나는 우사인 볼트보다 더 빠르게 뛰어가서 두부를 사 들고 현관문을 열었다.

세상에! 큰아이가 침대를 흔들며 아기를 보고는 '까꿍'을 한다. 이 장면이 어찌나 사랑스럽든지 큰아이 손에 집문서라도 쥐여 주고 싶은 심정이었다.

내가 이렇게 발을 동동 구르는 사이, 남편은 새로 시작한 사업과 박사학위 과정 때문에 바빴다. 남편의 바쁨이 나를 위한, 가정을 위한 바쁨이라 철석같이 믿고 그 시간을 혼자 견뎠다.

시간은 흐르고 아이들은 자랐다. 남편은 박사가 되었고 사업도 자리를 잡아갔다. 질투는 아닌데 그는 나아가고 나는 한없이 뒤처지는 느낌에 행복하지 않았다. 내 삶은 오로지 그의 조력자로만 존재하는 것 같았다.

남편은 내 이런 감정을 온전히 이해하지 못했다. 내가 가정을 위해 열심히 사는 것만큼 자신도 열심히 사는데 뭐가 문제냐는 거였다. 나의 눈물에 그는 한숨으로 답했고, 그만큼 우리는 서로에게서 멀어졌다. 한집에 살았지만, 그와 내가 다시 가까워지는 데는 많은 시간이 걸렸다.

육아에 대한 전혀 다른 질문 "엄마는 누가 돌봐주죠?"

최근 《엄마는 누가 돌봐주죠?》라는 책이 출간되었다. 브런치에서 내가 구독하는 작가를 포함해 네 명의 저자가 각자의 경험에서 풀어낸 임신과 출산과 육아에 관한 진짜 이야기이다. 아이를 키우면서 말로 설명할 수 없던 숱한 순간들이 문자로 정리되었다. 엄마라는 이름으로 참고, 참고 또 참아야만 했던 그 순간들 말이다.

등 센서가 예민한 큰아이 때문에 5년 동안 침대에 누워 자본 적 없고, 모유를 먹이고자 꼭지에서 피가 줄줄 흐르는 고통을 참아야 했으며, 아이 둘을 돌보기가 너무나 힘들어서 조금이라도 쉬고 싶은 마음에 큰아이를 어린이집에 보내놓고 돌아오는 길에 죄책감에 꺼이꺼이 울었던 이야기들.

저자들은 조곤조곤한 목소리로 그 시절을 무식하게 통과한 나를 위로했다. 전우애는 부부끼리만 생기는 게 아니구나. 이 책을 읽으면서 나는 혼잣말을 그렇게 많이 했다.

"다시 임신 시기로 돌아간다면 태교 일기 대신 부부일기를 쓰고 싶다."라는 문장에는

"옳지 않아, 인생 어찌 될지 몰라."질투임

"둘째 아이가 벌써 9개월인데 아직도 늘어난 뱃살을 보유 중"이라는 문장에는

"내 주변에는 25년째 보유 중인 친구들도 많아."팩트임

"가슴을 쥐어뜯는 젖앓이에 젖이 나인지 내가 젖인지."라는 말에는

"맞아 맞아. 진짜 사람 죽어."격한 감정 이입

"엄마는 아이를 사랑하고 또 미워한다."라는 말에는 코끝이 시큰해져서

"그렇지, 그게 진짜지."

하며 고개를 끄덕거렸다.

웃다가 울다가 분하다가, 여전히 사회가 분담해주지 못하고, 일하는 엄마가 오롯이 감당해야 하는 육아의 무게에 속

이 상했다. 알아두면 유용한 깨알 정보도 가득하다. 산후조리원, 유모차, 유아용품 고르기, 반반 육아까지, 출산을 앞두고 있거나 임신을 계획 중인 부부에게 꼭 권하고 싶은 책이다. 이미 지났지만, 내 남편에게도 선물해서 육아 중일 때 겪었던 남편과 나의 갈등의 실체가 무엇이었는지 그 인간 님남편님에게 알려주고 싶다.

지난주, 아파트 승강기 문이 열리자 아랫집 쌍둥이 엄마가 초췌한 몰골로 쌍둥이 유모차를 잡고 서 있었다. 나는 유모차를 재빨리 밖으로 당기며 "아이고, 아이들 돌보기 너무 힘들죠?" 했다. 쌍둥이 엄마는 울 듯한 얼굴로 죽을 것 같다고 했다.

쌍둥이 엄마가 내리고, 나와 스무 살 넘은 큰아들이 그 승강기를 탔다. 나는 아들에게 쌍둥이 엄마가 얼마나 힘들까를 중얼거렸고 아들은 주옥같은 말을 쏟아냈다.

"엄마는 나를 그렇게 힘들게 안 키웠잖아. 나는 내가 알아서 큰 거 같은데."

주먹이.. 울었다. 현관문을 여는데 아들의 보태기 한 판.

"엄마 저녁은 뭐 먹어?"

"야! 알아서 컸다며. 알아서 먹어!"

이놈의 육아는 도대체 언제 끝남?

_아이 말고 엄마들의 이야기
19.09.04

'박보검'에게서 온 전화..
그래, 이게 현실 부부지

친구 스마트폰 화면에 배우 박보검의 환한 얼굴이 뜨더니 '박보검' 이름으로 전화가 걸려온다. '이게 뭐지?' 알고 보니 친구의 남편이다.

"일단 '보검이' 얼굴이 뜨면 보기도 좋잖아. 전화 올 때마다 불쾌지수가 확 줄어."

천재다. 남편 이름과 사진을 박보검으로 저장하다니! 또 다른 친구의 휴대전화 주소록에는 남편이 '너그러운 남편'으로 저장되어 있다. 하도 날카롭고 까칠해서 제발 좀 너그러워지라는 염원을 담아 그렇게 지정했단다. 염원이 이뤄지면 지구 종말이 오는 것인지 좀처럼 이뤄지지 않는다.

25년 전 남편에게 콩깍지가 씌었던 자기의 눈을 찌르고 싶다는 또 다른 친구는 주소록 속 남편 이름 앞뒤에 하트 이모티콘을 붙였다. 그렇게라도 매일 마음을 다잡지 않으면 안 된다고 한다. 참고 사느라 사후에 화장하면 부처님보다 더 영롱한 사리가 나올 거란다.

남편 이름 앞에 '하나님의 은혜'라고 적은 절친도 있다. 남편이라는 존재는 종교의 힘을 빌려야 비로소 극복되나 보다. 하긴 타인과 오랜 시간 같이 산다는 것 자체가 어려운 일이다. 내 몸을 통과한 자식도, 하늘 같은 부모도, 죽고 못 사는 친구도 며칠만 여행을 가면 싸우고 깨지는 일이 다반사이다.

우리 남편이 달라졌어요

무거운 가방을 메고 어두운 얼굴로 출근하는 남편을 보면 마음이 편치 않다. 소보다 많이 먹는 아들 둘과 비싼 것만 조금 먹는 아내를 먹여 살린다고 밤낮없이 일만 한 죄로 집에서도 소외당하고 TV와 강아지 두 마리가 유일한 그의 친구이다.

"공부가 제일 쉬웠어요. 교과서 위주로 공부했는데 만점이네요."

내 남편이 그런 사람이다. 비현실적인 사람. 그러니 학원에 다녀도 중간에 머무는 아이들의 성적이 그의 눈에 찰 리 없다.

평범하고 자유로운 내가 그런 사람과 살고 있다. 그 어려운 걸 내가 23년째 해내는 중이다. 공부는 잘했을지 몰라도 눈치는 별로 없는 남편이 내게 말한다.

"인간은 두 부류야. 아인슈타인의 상대성 이론을 알고 죽는 사람과 모르고 죽는 사람."

제발 좀 '상대'를 봐가면서 '상대성' 이론을 말하면 좋으련만 시도 때도 없는 상대성 이론에 나와 아이들은 더 이상 그를 '상대' 안 한다. 질려서 '아인슈타인' 이름이 들어간 우유도 안 마신다. 아는 게 많은 것은 맞는데 쓸모가 있는지는 모르겠다. 죄다 책으로 배운 거라 현실에서는 유용함이 떨어진다.

형광등 하나만 갈려고 해도 두꺼비집을 내리고 고무장갑을 끼고 수선을 피운다. 그가 건강 염려증인 건지 내가 안전 불감증인 건지 헷갈린다. 그냥 스위치 끄고 형광등 빼고 새 것 끼우면 끝인데 흔들리지도 않는 의자를 붙잡아라, 마라. 형광등을 들고 보조를 해라, 마라. 세상 번거롭게 한다. 차라리 내가 하고 만다. 혹시 이거 작전인가?

요즘엔 박경리의 대하소설 《토지》에 빠져 드라마를 다시 보고 책을 또 읽는다. 조용히 혼자 읽으면 좋으련만, '우리말 겨루기'도 아니고 자꾸 퀴즈를 낸다. 행여 내가 맞출까 봐 눈동자가 흔들린다.

'어이구, 이걸 맞춰, 말아?'

어떻게 하는 게 빨리 마무리짓는 것인지, 나는 재빨리 머리를 굴린다. 혼잣말도 많아진 남편. 나이 오십이 넘으면서 드라마를 좋아한다. 특히 수목 미니시리즈. 얼마나 몰입해서 보는지 그 시간에 떠들면 혼난다. 그의 아내로 살아내기란 이렇듯 극한 직업이다.

얼마 전까지도 내가 드라마를 볼 때면 세상 한심한 눈으로 날 보더니 완전히 전세가 역전되었다. 몇 년 새 나는 TV를 거의 보지 않는다. 거실에 물 마시러 나왔다가 드라마를 보고 있는 남편의 뒤통수를 보면 맘이 짠하다. 저 인간이 외로워서 저러나 싶어서. 그렇대도 일일이 헤아리고 싶지는 않다. 모두 자신이 감당해야 하는 외로움의 무게가 있는 거니까. 그 무게만큼 깊어질 거라 애써 생각한다.

좌 과일, 우 땅콩 사이에 앉아 TV를 보며 행복해하던 남편은 목요일 미니시리즈가 끝나면 한숨을 쉬며 "또 일주일을 기다려야 한다.”고 투덜거린다. 이런 남편을 위해 드라마 대본을 구상 중이다.

지난해 여름, 나는 소설쓰기 학교에 다녔다. 내 바짓가랑이를 붙잡고 주인공을 살려내라고 애원하도록 만들 애절한 스토리에 감동의 극대화를 끌어낼 플롯을 짜고 있다. 아이유를 좋아하는 그를 위해 1인 3역 캐스팅도 마음속에 정해 놓았다. 떡 줄 아이유는 생각지도 않는데 김칫국부터 시원하게 한 잔!

무심해 보이는 내가 그의 여가까지 신경 쓰는 세심한 아내인 걸 그는 모른다는 게 함정.

결국, 상대성 이론

그는 반도에 흔한 ‘착한’ ‘가부장적인 사람’이다. 이 두 말이 양립 가능한지 모르겠지만 그를 표현하는 데는 정확하다. 책임감 강하고 집에서도 밖에서도 한시도 쉬지 않고 일한다. 자기가 정한 테두리 안에 자식들과 아내를 넣어두고 보살피고. 아무리 품을 넓혀도 좁다고 아우성치는 가족들 때문에 그 역시 부대꼈을지도 모른다.

반항이란 걸 모르는 그는 아버지가 쳐놓은 테두리 안에서 순하게 자랐을 테고, 그게 최선이라 배웠을 것이다. 그런데 울타리를 치는 것보다 신뢰와 존중이 더 큰 힘이라는 것을 그가 배웠더라면. 기준을 세우고 경계를 만드는 일은 그 의도가 교육적이라거나 인간의 도리라는 말로 포장된다 해도 결국 사람 사이에 벽을 세우기도 한다는 걸 그는 몰랐다. 그의 울타리가 견고할수록 그는 가족들과 멀어졌다.

다행스러운 건 오래 같이 살면 서로 닮아간다고, 그도 이제 느슨해졌다는 사실. 헐거워진 그와 조금씩 가까워지는 아이들을 보며 '진작 이랬으면 그도 더 편안했을 텐데' 하는 생각이 든다. 울타리가 놓인 자리에 틈이 생기고 있다. 완벽한 아빠, 진지한 남편보다 농담을 건넬 수 있는 틈이 있어야 한다는 걸 그도 이제 아는 것 같다.

아빠의 기대에 부응하지 못한 죄로 4수생 아들은 밥 먹을 때마다 고개를 숙인다. 안타까운 나는 말도 안 되는 유머와 몸개그를 날려보지만 썰렁하다. 이럴 때 필요한 건 나의 근본 없는 유머가 아니라 그의 격조 높은 위로일 텐데. 나의 눈짓에서 시작된 그의 어설픈 위로는 '깔때기 이론'을 통과해 다시 상대성 이론으로 가고 만다. 참으로 고질병.

그래도 이제는 그런 그를 웃으며 바라볼 수 있다. 사람이 변하는 건 생이 바뀌어야 가능한 법인데 여기까지 온 것만도 참으로 고맙고 다행이다. 그도 자신을 버리느라 힘들었을 테니. 생각해보면 미안하게도 나는 나를 버리지 않은 것 같다. 양보하는 듯하면서도 날 바꾼 적은 없다. 그래서 그가 나를 닮아간다. 그것도 미안하다.

내가 아이들을 잔소리하지 않고 자유롭게 키운 것 역시 어쩌면 그 때문인지도 모른다. 완벽주의인 그와 반대로 해야 아이들이 숨을 쉴 수 있을 테니. 상대성 이론이 맞긴 맞다.

서로 뭔가를 일부러 버리지 않아도 편안한 그런 날이 왔으면 좋겠다. 아마도 곧 올 것 같다.

_다른 사람에서 닮은 사람으로, 나와 남편의 '상대성 이론'
18.05.25

방송기자의 무례한 질문..
내 꿈은 '노욕'인가?

2017년 5월 10일. 내 생애 첫 백일장에 도전한 날이다. 48세 주부. "늦은 나이란 없다."라는 말을 철석같이 믿고 참가했다.

나는 안산에 살고 있고, 백일장은 충북 제천에 위치한 세명대에서 열렸다. 물론 경기나 서울권에서 치러지는 백일장도 있으나 거의 학생들 대상이고 일반인을 받아주는 곳은 많지 않다.

아침 열 시부터 시작이라고 하니 나는 새벽부터 가족들이 먹을 밥을 지어놓고 여섯 시 반에 출발했다. 내비게이션상으로는 두어 시간 남짓 걸리는 거리이다. 교내 카페에서 커피 한 잔 마시며 차분히 기다리려는 계획으로 일찍 집을 나섰다.

날이 흐리더니 비가 왔다. 치악산 부근을 통과할 무렵엔 안개까지 잔뜩 끼어 한 치 앞을 볼 수 없었다. 뭔가 불길했지만 애써 무시하며 '안개꽃길'이라고 억지로 세뇌하며 조심조심 운전했다. 차들이 엉금엉금 기어가기 시작했다.

나도 기어서 가다 보니, 도착 시간 아홉 시 오십 분. 시험장을 찾아 여기저기 뛰다가 간신히 도착해 원고지를 받았다.

숨이 턱까지 차오른다. 얼마나 기다리던 순간이었는지 원고지를 받자 감격까지 덩달아 차오른다.

갑작스레 먼지가 되어버린 그녀

오늘의 백일장 주제는 '먼지'이다. '먼지'에 대한 단상들을 떠올려보았다. 황사도 생각나고 미세먼지도 떠오르고 '먼지가 되어'라는 노래도 연상된다. 다들 생각할 수 있는 평범한 이야기에 재미도 없고 의미도 없는 글이 될 것 같아 걱정이다.

작년 시어머님이 돌아가시고 화장한 일이 생각났다. 화장후 먼지가 되어버린 그녀. 아닌 밤중에 홍두깨라더니 그녀는 밤사이 갑작스레 심장마비로 생을 달리했다. 바로 전날까지도 이야기하고 웃고 밥을 먹었는데 이런 일이 생기자 얼마나 황망했던지. 선하기만 했던 그녀가 편안한 곳으로 가셨기를 빌며 그녀가 들어있는 항아리를 가슴에 품고 그녀의 등을 껴안듯이 항아리를 안고 토닥이던 기억이 떠오르자 그녀에 관한 이런저런 단상들이 꼬리를 문다.

눈앞에서 가족이 한 줌의 재로 변하는 걸 본다는 건 너무나 강력한 일이어서 그 순간에는 모든 것을 다 내려놓게 된다. 자식에 대한 기대랄지, 형제간의 서운함이랄지, 원망 같은.

이런 모든 게 사소하게 느껴지고 존재 자체로도 얼마나 축복인지를 절감한다. 비록 그 순간이 지나고 나면 삶의 관성에 의해 다시 제자리로 돌아와 지지고 볶는 일상이 여전해지지만.

한 줌의 재가 뿌려지고 먼지가 되어 흩어지는 걸 보며, 이래서 먼지 하나에도 우주가 깃든다는 말이 나왔나 보다 생각했다. 누군가의 일생이 담긴 먼지. '무'인 상태로 왔다가 먼지로 사라지는 일생에 관하여 나름 심도 깊게(?) 적어 내려갔다.

하지만 시간 안배에 실패한 나는, 시간 안에 원고지에 적어내는 게 너무나도 바빴다. 손글씨도 백만 년 만에 쓰는 거라서 글씨가 삐뚤빼뚤. 마음은 급하고 그럴수록 손가락이 구부러져 속도는 더디기만 했다. 내용은 인생을 달관한 자의 글인데 글씨는 초등학생이 발로 쓴 거 같다. 이런 몹쓸 부조화.

필체가 좋아야 내용이 별로라도 한 번쯤 더 봐줄 것 같은데 암호 수준의 글씨는 내가 봐도 눈이 피곤하고 해독이 필요하다. 마지막으로 한 번 읽어볼 틈도 없이 원고를 냈다.

이 나이에 백일장은 창피한 일일까?

심사를 기다리는 세 시간 동안 한수산 작가님과 김별아 작가님의 북콘서트가 있었다. 한수산 작가님은 《군함도》를 쓰게 된 배경과 과정을 설명하던 중 군함도 생존자로부터 들은 사실과 그분의 근황을 전하며 눈시울을 붉혔다. 듣는 나도 가슴이 먹먹해졌다. 자료 수집 시간을 제외하고도 그 책을 쓰는 데만 꼬박 2년이 걸렸다고 했다. 그동안 단 한 번의 외출만 했을 뿐.

김별아 작가님은 글은 쓰고 싶고, 아이들은 어리고, 그래서 아이를 업고 도서관에 가서 자료를 찾고 책을 읽고 글을 썼단다. 아이를 키우는 일만으로도 벅찬데 장편소설을 쓰다니! 그냥 이루어지는 일은 없다. 글을 쓰는 과정만 들어도 가슴이 뭉클하다.

시간이 흘러 드디어 발표의 시간이 왔다. 심사위원장이 나와 발표에 앞서 한마디를 한다. 수준 높은 작품들이 많이 나왔단다. 내용은 상당히 좋지만 글씨가 읽기 어려워 탈락한 글도 있단다. 이건 내 이야기여도 문제, 아니어도 문제이다.

대상으로 다가갈수록 두근거리는 맘으로 끝까지 기다렸건만 결과는 탈락.

허탈한 마음으로 시험장을 빠져나오는데 방송국에서 백일장 취재를 나왔다. 대형 카메라가 내 코앞에 멈추더니 잠깐 인터뷰를 하겠단다. 머피의 법칙이라더니, 하필 오늘. 새벽에 나오느라 얼굴에 뭘 찍어 바를 시간도 없어서 머리도 못 감고 나왔는데.

쪼그라드는 마음을 간신히 추스르고 당당한 척 카메라를 마주한 순간 질문이 날아왔다.

"어린 학생들과 경쟁한 기분이 어떻습니까?"

헐, 이런 질문이라니. 너무 당황스러워 말문이 막혔지만 차분히 정신을 가다듬고 또박또박 대답했다.

"어린 학생들과 경쟁하러 온 거 아니고요. 평생 제 꿈에
도전해보려고 왔습니다."

기자는 잘 알았다며 황급히 자리를 떴다.

뭔가 씁쓸했다. 이 나이에 백일장에 나온 일은 창피한 일
일까? 노욕인가? 일반부 백일장의 의미는 대학생이나 작가
지망생을 위한 거였는데 내가 눈치 없이 끼어들었다는 뜻
인가?

하긴 지원자의 90프로 정도가 대학생들이었으니… 탈락
한 것도 서러운데 마음이 천근만근이다.

꿈이 뭐라고

이럴 때 가라앉은 기분을 풀어주는 건 친구의 위로가 최고.
친구에게 전화를 걸어 자초지종을 이야기했다. 역시 내 친
구는 폭풍 흥분으로 그 기자를 욕해주고는 박완서 님도 마
흔에 문단에 데뷔했음을 강조했다. 감히 나 따위와 박완서
님을 비교하다니. 괜스레 그분께 미안한 맘이 든다.

하지만 효과는 백 점. 한기 돌던 마음이 펴지며 따수와졌

다. 인간은 사회적 동물이자 의존적인 동물. 이렇게 의존할 곳이 있는 나는 탈락에도 불구하고 도전의 기쁨을 느끼며 집으로 돌아왔다.

상금 백만 원을 기대하고 있던 가족들은 탈락한 나를 위해 삼겹살을 구웠다. 뭐가 좋은지 계속 키득거린다. 나는 탈락한 이유가 글 때문이 아니라 시간 때문임을 구구절절 설명했고 다들 영혼 없이 고개를 끄덕이며 "당연히 그러셨겠지요."라며 서로 눈짓을 한다. 인간미 떨어지는 인간들.

자려고 누웠는데 자꾸 웃음이 난다. 꿈이 뭐라고 그걸 쫓아 안개를 뚫고 그 멀리까지 간 일. 내 대답에 당황하던 기자의 얼굴. 감응이 1도 안 된 나의 변명에 난감한 가족들의 표정. 인생 멀리서 보면 코미디라더니 딱 내가 그 코미디의 주인공이다. 그래도 나는 도전을 멈추지 않을 테다.

To be continued.

_48세 주부, 백일장에 도전하다
18.02.07

4수생 아들과 삼시세끼,
이런 '쿨'한 엄마를 봤나!

"네가 생각하는 엄마는 어떤 사람이야?"

"엄마? 엄마는 자유로운 사람이지."

아들 왈, 엄마는 자신의 행복을 추구할 줄 알면서 가족도 챙기는 균형 있는 사람이란다. 어쩜 이렇게 지갑이 열릴 소리만 하는지!

처세술이 뛰어난 스물두 살 큰아들. 그와 내가 이렇게 달달한 대화를 할 수 있는 건 아마도 지금까지 내가 한 번도 불을 끄고, "엄마는 떡을 썰 테니 너는 글을 쓰거라." 한 적이 없어서인 것 같다.

중학생이 되고부터 아들의 성적표를 본 적이 없다. 숨기고 싶은 데는 그만한 이유가 있겠지 생각해서 굳이 보여달라고 하지 않았다. 자랑하고 싶으면 말하고 싶어서 입이 근질거릴 테니, 아들이 말하지 않은 것은 묻지 않았다.

"네가 생각하는 엄마는 어떤 사람이야?"

속으로 궁금할 때도 있었다. 아들 학교 총회에 가서 엄마들을 만나고 오는 날이면 특히 그랬다. 대체로 아이 성적이 좋은 엄마가 여러 가지 정보와 가십에 능하다. 이런 엄마 옆에는 맞장구쳐주고 그 아이의 과목별 성적과 성과를 열거해주는 '서포터즈'가 꼭 있다. 이 팀이 분위기를 주도하며 아무도 부여한 적 없는 권력(?)을 행사한다.

행여 성적이 낮은 아이 엄마의 소신 발언은 나대는 것으로 간주하기 때문에 나는 중간이라도 갈 요량으로 침묵한다. 학교 소식을 잘 모르거나 아이 성적이 낮으면 무관심한 엄마가 되는 분위기이다. 억울하다.

아들과 그 친구들은 학교가 끝나면 굶주린 하이에나처럼 들이닥쳐 냉장고를 무소유 상태로 만들어놓곤 한다. 간식을 만들어주며 슬쩍 학교생활을 묻는다. 식탁에 앉아서 도란도란 음식을 먹으며 시시콜콜 이야기해주면 좋으련만, 아이들

은 암호 같은 단어들만 주고받으며 웃느라 정신이 없다. 정
신없어진 나도 인내심의 한계를 느끼며 내 방으로 퇴장. 정
보 캐기는 실패.

어떤 엄마는 내게 우리 아들이 요새 누구랑 어울리는데
그 아이, 집안에 문제가 많은 아이라고, 학교에서도 문제가
많다고 깨알 정보를 흘려준다. 나는 고개를 끄덕이며 그 아
이는 라면에 청양고추 넣어서 먹고, 다 먹고 나면 자기 그릇
싱크대에 넣을 줄 알고, 잘 먹었다고 인사할 줄 아는 아이라
고 동문서답해서 감히 깨알 정보를 흘려준 그분의 말문을 막
는 우를 범한다.

그래서 나는 학교에선 이상한 엄마였다. 멀리서 들리는
아이와 내가 본 아이는 많이 다르다.

집 나간 고2 아들, 가출편지 창의력 하고는

아들은 고2가 되던 해에 집을 나갔다. 편지 한 통을 내 화장
대 위에 올려둔 채. 공부를 왜 해야 하는지 모르겠다며 자유
롭게 살아보고 싶단다.

이 무슨 〈행복은 성적순이 아니잖아요〉 같은 진부한 청소

년 드라마의 클리셰인지. 뭔가 더 그럴싸한 이유를 기대한 것은 내 욕심인가? 내가 아들을 이토록 창의력 없이 키웠다니, 자괴감이 밀려왔다.

사흘 동안 아이 방에 냉기가 돌았다. 집에는 오지 않지만 학교는 다니는 모양이다. 그동안 내 몰골도 말이 아니다. 내가 뭘 잘못했을까? 자유롭게 키운다고 생각했는데 아이는 억압이라 느꼈을까? 아들 전화기는 꺼져있어 친구들에게 그의 안부를 들었다.

밤새 뒤척이다 마음을 다잡고 아침 일찍 학교에 갔다. 담임선생님은 아이가 지금은 살짝 방황하지만 심지가 있고 심성이 착해서 금방 돌아올 거라며 되레 나를 위로해주셨다. 아이는 청소년 드라마의 반항아 캐릭터처럼 3교시가 시작할 무렵 등교했다. 교무실에서 나를 본 아들의 눈동자가 흔들렸다. 아이와 단둘이 빈 교실에 앉았다. 아이는 자취하는 친구 집에서 잘 지내고 있다고 했다.

아이가 원하는 것은 '놀기'이다. 아무런 제약 없이 놀기. 이때가 아니면 언제 맘껏 놀아보겠나 싶어서 그러라고 했다. 담임선생님께는 아이를 자퇴 처리해달라고 했다. 공부건 뭐건 필요하면 그때 하면 되니까. 자유는 책임을 동반하니, 아들이 자신을 책임지는 건 당연지사. 어차피 꺼져있는 핸드폰과 직불카드가 들어있는 지갑을 돌려받고 교무실을 나왔다. 아이는 나의 쿨한 처사에 당황했다.

"엄마, 자퇴는 안 할 거예요."

아들의 흔들리는 목소리가 내 뒤통수에 닿았다. 진부하기는 나도 마찬가지. 속으로 '내가 너를 어떻게 키웠는데'가 절로 새어 나왔다. 참 명대사이다. 차에 타자마자 전화기가 울렸다. 담임선생님이다.

"어머니, 잘하셨어요. 애가 깜짝 놀라서 이제부터 지각도 안 하고 학교 잘 다니겠다고 엄마한테 얘기 좀 잘해달라고 싹싹 비네요."

난 진심인데 선생님은 작전으로 받아들이신 것 같다. 여튼 심약한 아들의 사흘 일탈은 그렇게 마무리되었다.

'못난 놈. 칼을 뺐으면 뭐라도 썰든지.'

4수를 하건 5수를 하건

아들은 지금 4수 중이다. 고3 이후로 몸이 아파 치료받고 요양하느라 연필만 쥔 채 2년을 보냈다. 이제 건강을 회복해

제대로 공부하고 싶단다. 구구절절 설명하기도 번거로운 나는 아들 대학 들어갔냐는 질문이 불편하다. 죄는 아닌데 대학도 못 보내는 무능한 엄마인 것 같아 괜히 움츠러든다. 아들 신경 안 쓰고 자기 할 일만 하고 다닌다고 수군거리는 것 같아 내심 불편했는데 아들의 답변이 내 기를 살려준다.

"나중에 엄마 같은 사람이랑 결혼하고 싶어요."

얼씨구! 화룡점정을 찍는다. 이런 말 하는 것 보니 소고기가 먹고 싶은가 보다.

4수를 하건 5수를 하건 지금 우리가 함께 지지고 볶는 시간이 좋다. 요즘 나는 하루 대부분의 시간을 집에서 글을 쓰거나 책을 읽으며 보낸다. 그러다 보니 집 근처 독서실에 다니며 독학 재수 중인 아들과 삼시세끼를 나눈다.

누군가와 하루 세끼를 나누면 없던 친밀감도 생기기 마련이다 남편과 집에서 먹는 삼시세끼는 불법으로 간주함. 아들의 내밀한 맘속 이야기를 들을 때면 엄마와 아들이 아닌 인간 대 인간으로 그를 바라보게 된다. 자식이 타자화되는 새로운 경험이다.

애들 대학 보내놓고 홀가분하게 여행 다니며 중년을 즐기는 친구들, 혹은 갱년기 우울증 때문에 힘들어하는 친구들 사이에서 나는 4수생 삼시세끼를 챙기느라 아무 겨를이 없다. 그것도 좋다. 겨를 없는 삶. 겨를은 번뇌를 불러오기도 하니까.

온 세상이 꽃 천지이다. 이런 봄날, 무거운 가방 메고 독서실로 향하는 아들이 참….

다만 나는 매일 결심한다. 행여 아들이 대학을 가지 않거나, 혹은 못 가게 되더라도 "내가 너한테 어떻게 했는데" 같은 가시 돋친 말들을 쏟아내지 않기를. 내딛는 걸음걸음 돌부리 천지인 인생에서 넘어지지 않는 것보다 넘어지면 일어나는 것이 백배 중요한 일임을 진심을 담아 말할 수 있기를. 이 시간은 이 시간대로 의미가 있었음을 '내가 꼭' 기억하기를.

_스물두 살 아들과 지지고 볶는 날들..
내가 꼭 기억하고 싶은 것
18.04.18

오십 앞두고 찾은 적성..
나, 이젠 생긴 대로 산다

●● 　　　친구와 영화 〈로마〉를 보고 나오는 길에 전화를 받았다. 내가 올해의 뉴스게릴라로 뽑혔단다. 정확히 무슨 상인지 몰라 얼마큼 기쁨을 표현해야 할지 몰랐다. 내게 전화한 담당 기자님 왈, 연기대상 시상식의 대상 같은 상이란다. 세상에 이런 일이! 영화를 보며 얼마나 펑펑 울었는데, 금세 배시시 웃음이 저절로 삐져나왔다. 이런 참을 수 없는 존재의 가벼움 같으니라고.

　만감이 교차한다는 말은 이럴 때 쓰는 표현. 글을 본격적으로 쓰기 시작한 지 2년이다. 짧은 시간 안에 많은 글을 썼다. 연재했던 '명랑한 중년'과 아직 연재 중인 '그림의 말들', 그리고 신간 서평과 영화 리뷰, 월간 잡지에 실을 에세이와 대중가요 작사까지. 밥 먹고 잠자는 시간을 제외하면 거의 글을 쓰거나 글을 쓰기 위한 무언가를 하며 보낸 것 같다.

나이 오십을 목전에 둔 지금, 무언가에 이렇게 기꺼이 즐겁게 빠져보기는 처음이다. 이제야 적성을 찾았으니 참으로 오래 살고 볼 일이다. 어쩌면 이 길을 가기 위해 먼 길을 돌고 돌아온 것 같다.

족쇄 같던 예민함이 내 무기가 되었다

음악과 미술과 문학을 사랑하는 나는, 돌아보면 항상 예술이라는 범주 아래서 숨을 쉬고 있었다. 컵라면을 먹더라도 각종 공연과 전시는 포기할 수 없었고 늘 서점을 배회했다. 커피를 주문하고 기다리는 순간에도 늘 냅킨에 뭔가를 그리고 끄적였다. 커피숍에서 흘러나오는 음악, 커피를 마시는 사람들, 그리고 그런 분위기에 관하여. SNS에 게시물을 올리진 않지만 그곳에 올라온 좋은 글을 읽고 감정이 차오를 때면 어김없이 글을 썼다. 일기장에, 수첩에, 노트북에.

중학교 때부터 신춘문예를 준비했던 소녀는 간호사가 되었고, 아내가 되고 엄마가 되었다. 그때마다 주어진 책임과 역할을 수행하면서도 한 손에 든 일기장은 놓지 않았다. 산소가 부족한 물고기가 밖으로 입을 내밀고 뻐끔거리듯이, 나는 뭔가를 쓰면서 부족한 산소를 보충했다. 30년이 넘는 아주 오랜 시간 동안.

이런 나를 공공의 글쓰기로 이끌어준 사람이 있다. 바로 은유 작가. 며칠 전 그녀의 학인學人들이 모여 송년회를 하던 밤, 내 수상 소식에 내 두 손을 잡고 발을 동동 구르며 기뻐해 준 나의 스승이자 롤모델 은유.

베스트셀러를 여러 권 집필했고 여러 매체에 칼럼을 연재하는 그녀의 글은 너무나 틈이 없어서 때때로 내게 좌절감을 심어주기도 했지만, 나를 더 깊이 사유하도록, 성장하도록 이끌었다. 그래서 글이 써지지 않을 때면 그녀의 글을 읽고 또 읽었다.

얼마 전 '명랑한 중년'이라는 연재를 마감했다. 1년 동안 2주에 한 편씩 글을 써왔다. 숙제를 끝낸 것 같은 성취감과 연재에 대한 중압감이 사라지니 시원했다. 그렇게 마지막 원고를 보내고 한 달쯤 지났을 때, '중년의 송년회'라는 주제로 원고를 청탁받았다.

요즘은 드라마 대본 쓰기를 공부 중이어서 많은 대본을

읽고 쓰느라 정신이 혼미할 지경이다. 모르는 게 많으니 쓰는 즐거움보다는 써내야 하는 압박감이 더 크다. 마음이 안드로메다 어딘가쯤 가 있는 기분이었는데 중년의 송년회에 대해 쓰다 보니 '명랑한 중년'을 쓸 때처럼 엔도르핀이 쏟아졌다. '이런 맛에 글을 쓰는구나.'를 새삼스레 깨달았다.

화가의 일생과 그림을 보여주는 '그림의 말들'은 여전히 연재 중이다. 미술 전공은 아니지만 그림을 좋아해서 전시를 보고 연계 강의를 들었다. 알면 알수록 갈증이 났다. 그렇게 미술사 강의를 찾아 듣고 공부하게 된 지 벌써 7~8년이 되었다.

맛집을 친구에게 소개해주고 싶은 마음으로 글을 쓰기 시작했다. 혼자만 알고 있기에는 그 감동이 너무 컸기에 보여주고 싶고 말해주고 싶었다. 어려운 말들은 빼고 되도록 재미있는 영화 속 이야기처럼 쓰려고 노력했다. 팩트 체크를 다방면으로 해야 하니 품이 많이 드는 작업이었지만 다행히 많은 사람들이 공감해주었다. 예술가의 일생이란 게 평탄치 못한 경우가 많아서 꺼이꺼이 울며 글을 쓰느라 밤을 지새우는 날이 많았고, 그럴 때면 혼이 빠진 좀비가 되곤 했다.

"네가 너무 예민해서 그래."

살면서 가장 많이 듣는 소리 중 하나이다. 대부분은 칭찬이 아닌 불편하다는 소리이다. 그래서 그 예민함을 숨기려고 무던히도 부대꼈다. 내게 족쇄 같았던 예민함이 이제 내게 큰 무기가 되었다. 그 예민함으로 사는 이야기를 쓰고, 서평을 쓰고, 영화 리뷰를 쓰고, '그림의 말들'을 쓴다. 글을 쓰면서 드디어 생긴 대로 살아도 괜찮은 내가 되었다.

2018년은 개인적으로 내 인생의 전환점인 것 같다. 좋아하는 일을 시작하게 되었고 그것이 업이 되고 이렇게 큰 상까지 받았으니. 많은 사람들의 도움이 있었다. 가족들, 친구들, 글 쓰는 동료들. 그리고 부족한 내 글을 읽어주시고 응원해주신 많은 분들.

"진심으로 감사드립니다. 앞으로도 좋은 글로 찾아뵙기를 기원합니다."

_2018 올해의 뉴스게릴라 수상 소감
18.12.31

두 번째 이야기·사랑 ― 사랑이 뭔지를 보여준 이들

93세의 사랑,
그를 응원한다

내가 그를 처음 만난 건 1995년 7월이 시작될 무렵이었다. 당시 그는 72세였고 정복덕 여사님66세과 살고 있었다. 그와 그녀는 금슬이 매우 좋은 부부였다. 첫 만남 때 그는 집 에어컨 설치를 돕는 중이었고 그녀는 나를 위해 잡채를 무치고 있었다.

한눈에도 선해 보이는 이 두 노부부는 나를 보고 문화예술인같이 생겼다며 반겨주었다. 처음에 나는 그와 말 붙일 일이 별로 없었다. 대신 그녀와 많은 시간을 보냈다. 그녀는 이름도 그렇듯이 복과 덕이 많은 분이셨다.

내가 그 집에 갈 때마다 두 분은 낡은 집을 반질반질 닦아놓고 손수 만든 반찬을 정갈하게 차려놓은 후 상 보자기로 덮어두고는, 허드레 의자를 대문 앞에 끌어다 그림처럼 거기 앉아 나를 기다리고 있었다.

"그림자처럼 정이 붙고 사랑이 됐지"

사회생활이 힘들진 않은지, 몸은 건강한지 이것저것 물으시고는 밥숟가락을 뜨는 내 앞에 나란히 앉아 컵에 물을 따라준다.

"두 분은 어떻게 만나셨어요?"

내가 묻자 그는,

"그때는 일제 강점기였어. 결혼 안 한 남자들은 징병을 가고 여자들은 위안부로 끌려갔지. 그래서 두 집안 어른들이 부랴부랴 혼인을 시켰고 결혼할 때 처음 서로 얼굴을 봤어."

하신다.

나는 "몇 년을 사귀고 사랑해서 결혼해도 살다 보면 힘든 일이 많은데 두 분은 어떠셨어요? 살다 보니 사랑이 생기셨어요?" 물었다.

그는 눈을 들어 허공을 잠시 바라보더니 "두 사람이 하나가 돼서 살다 보니 그림자처럼 정이 붙고 그 정이 바로 사랑이 됐지. 사랑이 딴 게 아니고 정이야." 하신다. 나는 그 말을 듣는 순간 심장이 찌릿 전율했다.

"아…"

6년 후 복덕 여사님이 간암 말기 진단을 받았다. 그는 "할머니가 얼마 안 남은 거 같아. 평생 고생만 했는데 너무 안쓰럽고 속이 상해." 했다. 그는 울고 있었다. 대학병원 중환자실에 갇혀 하루에 잠깐밖에 얼굴을 볼 수 없었던 그와 나는 상의 끝에 그녀를 집 근처 병원으로 모시기로 했다.

그곳 병원과 이야기가 잘 돼서 우리는 2인실을 통째로 쓰며 인공호흡기며 가래 흡입기 등을 방에 비치하고 간호사인 내가 직접 모든 처치를 했다. 얼마 남지 않은 시간을 최대한 같이 하고 싶은 마음에서였다.

이때부터 그와 나는 많은 이야기를 나누고 서로를 마음 깊이 이해하게 된 것 같다. 나는 그녀에 대한 그의 절절한 사랑에 매일 감동했다. 그는 한시도 쉬지 않고 굳어가는 그녀의 몸을 주물렀고, 시시때때로 뜨거운 물수건을 가져다가 그녀의 마른 몸을 닦으며 "어때? 시원하지? 깨끗이 닦으니까 할머니가 아주 말쑥하니 예뻐." 했다.

하루가 다르게 그녀는 의식을 잃어갔고 그의 시름은 깊어
갔다. 그는 그녀가 깨어날 때마다 뭐가 먹고 싶은지 얼굴을
부비며 물었고, 차로 두 시간도 더 걸리는 수산시장에 가서
홍어를 사다가 쪄 오거나 회를 떠 오거나 생선을 구워 왔다.
물론 그녀는 전혀 먹지 못했지만 그는 이런 일을 수도 없이
반복했다.

"제발 한 입만이라도 먹어봐요. 먹어야 기운을 차리지요."

그는 호흡마저 가늘어진 그녀 앞에서 접시를 든 채 서 있
었다. 하루에도 수십 번 석션suction을 하지 않으면 숨이 막히
는 상황이 계속 발생했고 침대에서 대소변을 일고여덟 번
씩 받아냈다. 그는 점점 초조해졌다.

내가 잠시 휴식 차 자리를 비운 사이 그는 그곳 간호사들
이 그녀를 처치하는 걸 참지 못했다. "조심스레 다루지 않고
함부로 막 하는 거 같다."며 언짢아했다.

이후 나는 쉴 틈 없이 자리를 지켰다. 정신이 멍한 상태로
몸이 구름 위를 걷는 것 같은 느낌이 들던 어느 날 그녀가
하늘로 갔다.

그는 우울증과 불면증을 앓았다

정복덕 여사가 떠나고 그는 우울증과 함께 심한 불면증을 앓았다. 금슬 좋은 부부일수록 혼자됨을 감당하기 힘들다는 건 사실이었다. 그는 한 뭉치의 수면제를 꺼내 보여주며 "한 입에 다 털어 넣고 할머니 곁으로 가고 싶지만 자식들에게 상처가 될까 봐 그러지도 못해." 했다.

그는 또다시 울고 있었다. 나는 그에게 노인복지관이나 노인정 같은 또래 친구들이 있는 곳에 가서 어울릴 것을 제안했다. 하지만 그는 "내가 오랫동안 할머니 병간호로 사람들을 만난 지가 오래야. 그래서 그런 곳에 가서 뭘 한다는 게 낯설고 어색해." 했다.

설득 끝에 마침내 그는 복지관에 가서 컴퓨터와 수지침 수강 신청을 했다. 시간은 흐르고 그는 점점 생기를 찾아갔다. 그와 나는 종종 맛집에서 점심을 했는데 어느 날 그가 쑥스러운 듯 내게 뭔가를 털어놓았다.

"너도 알다시피 내가 할머니 돌아가시고 외로움에 힘들 었잖니? 그런데 복지관 다니면서 사람들 만나고 같이 그 런 아픔들을 이야기하고 그러니깐 내 맘이 훨씬 나아졌어. 딴 게 아니구, 내가 그곳에서 몇 분의 할머니들을 만나봤는데….”

나는 웃음이 났다. 친구로 잘 지내시라고 말하는 내게 그는 “이 나이에 친구는 싫고 매일 함께 밥 먹고 눈 맞추고 얘기할 사람이 필요해. 그래서 그중 한 분과 결혼하려고 하는데 네 의견은 어떠니?” 했다.

나는 그의 눈빛에서 절박함을 읽었다. 그의 나이 81세 때 이야기이다. 나는 그의 사랑의 카운셀러가 되어 예비후보 할머니들을 만나러 다녔다. 그는 한 분 한 분 어떤지 내게 의견을 물었다.

나는 81세의 노인도 사랑에 관한 한 18세 소년과 크게 다르지 않음을 알고 놀랐다. 내게는 그저 별 의미 없어 보이는 상대의 몸짓에도 그는 큰 의미를 불어넣으며 조바심을 냈고, 이내 혼자만의 오해였음을 깨닫고 안도의 한숨을 내쉬기도 했다.

어느 날 그는 다수의 후보를 물리치고 첫눈에 반한 분을 만났다. 복지관 지인분의 소개로 그녀를 만나고 온 저녁, 그는 마치 로미오가 줄리엣을 처음 봤을 때의 흥분한 얼굴로 내게 말했다.

"오늘 아는 분 소개로 한 분을 만났는데 인상이 아주 품위가 있고, 뭐라 그럴까? 음.. 기품이 있고 아주 마음에 쏙 들어. 말하는 것도 보니까 애교가 있고 무엇보다도 미소가 아주 함박꽃처럼 환해."

몇 주 후 나는 그녀를 만났다. 그의 말대로 그녀는 얼굴이 하얗고 동그랗고 부티가 나 보였다. 무려 그와 열여섯 살 차이가 나는 65세 꽃다운 그녀였다. 그녀도 오래전에 남편과 사별한 후 혼자 지낸다고 했다. 두 분의 나이 차이에도 불구하고 그가 워낙 '동안'이었기 때문에 잘 어울려 보였다.

그는 국어 선생님을 했었고 교감 선생님으로 정년퇴직을 한 터라 200만 원이 훨씬 넘는 연금이 나왔고, 빚 없고 집이 있다. 게다가 젠틀하고 로맨티스트이다. 이런 매력덩어리인 그가 인기가 있는 것은 당연했다.

두 분은 결혼했다. 그는 점점 더 젊어지고 활기차졌다. 두 분은 여느 부부와 마찬가지로 여행도 함께 다니고 종교 생활도 함께하면서 즐겁게 생활했다. 그는 "이제 좀 인생을 제대로 사는 거 같아. 젊어서는 맨손으로 오 남매 키우느라 힘들었고 다들 출가시키고 나니 할머니가 아파서 병간호하느라 허리 한 번 펴기도 힘들었어. 이제야 좀 사람답게 사는 거 같은 기분이 들어. 아주 행복하고 좋다." 하신다.

그러면서 "돌아가신 할머니한테는 미안하지만 살아생전에 최선을 다해서 미련은 없어." 했다.

정말로 그랬다. 그는 자신의 에너지가 1도 남지 않을 만큼 복덕 여사님께 다 쏟아부었다.

10년이 흘러 그녀가 심장마비로 숨을 거두었다

그런 그가 행복하다고 하니 내 맘도 기뻤다. 두 분은 점점 닭살이자 민폐 커플이 되었다. 같이 식사할 때면 서로 더 먹으라고 고기를 서로의 밥그릇에 올려놓느라 도무지 식사가 끝나질 않았고, 눈만 마주쳐도 서로의 입가에 미소가 번졌다.

그는 나와 그녀를 번갈아 보더니 "아주 비슷하니 자매 같아 보여요. 아주 보기 좋아요." 한다. 그녀는 "아이고 무슨.. 말도 안 되는 소리를 그리하세요. 호호호…." 하면서 마냥 즐거워했다. 그녀는 내 엄마랑 동갑이었고 나는 그냥 따라 웃었다.

그렇게 10년이라는 세월이 흘러 2016년 4월 13일. 그날은 국회의원 선거가 있던 날이었다. 새벽 한 시 돌연 택규 씨의 그녀가 심장마비로 숨을 거두었다. 큰 병 없이 지낸 그녀였기에 그의 충격은 이만저만이 아니었다. 그녀 나이 76세였다.

그는 충격을 이기지 못하고 가끔 인지 상태가 제로가 되었다. 길을 가다가 길을 잃어버리기도 하고, 집에서도 문을 열고 자서 심한 감기에 걸리기도 했다. 공황 상태에 빠진 것이다. 오 남매가 돌아가면서 그를 돌봐주고 위로했지만 그 무엇도 그에게 위로가 되지 못했다. 나는 그 전보다도 자주 그를 보러 갔다.

집에 들어서면 제일 먼저 그의 등을 어루만져 준다. 뭐 하고 있었냐고 물어본 후 그의 손을 잡는다. 얼었던 그의 얼굴이 다소 풀어지는 것을 느끼며 그의 하소연을 들어준다.

건강했던 그녀를 아무런 준비 없이 잃어버리고 그는 심하게 자책하고 있었다. 그는 그녀에게 못 해준 것만 떠오른다며 후회되는 일, 다시 만나면 꼭 해주고 싶은 일 등등 마치 처음 이야기하듯 상세히 말한다. 이미 대사까지 외울 만큼 많이 들은 이야기이지만, 나 또한 처음 듣는 듯이 반응한다. 그것이 그에게 위로가 되길 바라며.

그의 눈에 눈물이 마르지 않은 채 1년을 버텼다

지난주 나는 며칠 후 있을 그녀의 첫 번째 기일에 '같이 산소에 갈 것'을 의논하면서 그와 순대국밥을 먹었다.

그는 예전에 복지관에서 함께 공부했던 할머니가 자신의 소식을 듣고 위로하러 집에 한 번 왔었다고 했다. 그분과 이야기를 나누니 자신의 처지를 누구보다도 잘 이해해주고 말이 잘 통해서 좋았다고 했다.

그분이 찾아와 준 것에 대한 보답으로 식사 대접이라도 한번 하고 싶은데 옆에 사는 딸의 감시적 때문에 나갈 수가 없다고 했다. 이어 그는 "사람은 사랑 없이는 살 수 없는 거야. 어떤 형태로든 사랑이 있어야 사람이 사람답게 살 수가 있어." 했다.

나는 그의 입가에 서린 흐린 미소를 보았다.

그와 나는 지난 일요일에 그녀의 산소에 갔다. 그는 그곳에서 자주 못 와서 미안하다고 울먹였다. 나는 그가 그녀와 할 말이 많을 것 같아서 슬쩍 자리를 피했다.

산소에서 93세의 그를 부축하고 내려오는 길에 배꽃이 흐드러지게 핀 배나무 과수원을 보고 그가 선창을 했다.

"이화에 월백하고 은한이 삼경인 제."

그리고 그 뒤를 잊어버린 듯 나를 쳐다보기에 내가 그 뒤를 받았다.

"일지춘심을 자규야 알랴마는 다정도 병인 양하여 잠 못 들어 하노라."

우리는 그렇게 산을 내려왔다.

택규 씨는 나의 시아버님이다. 그와 나는 그와 그 친자식들이 느끼는 가족의 유대감과 좀 다른 의미로 깊은 친밀감을 가지고 있다.

그에게 나는 말이 통하는 며느리이자 친구이며 늘 든든한 그의 정서적 후원자이다. 나는 그를 마음 깊이 존경한다. 그는 사랑이 뭔지를 내게 보여준 사람이다. 93세에도 마음이 보들보들 살아있다.

남편과 나는 비밀이 많다. 거의는 그에 관한 것들이다. 내가 그에게 무한 신뢰를 받는 이유이기도 하다.

"아버님! 다음 주말에 제가 알리바이 만들어드릴 테니 그분께 식사 대접도 하시고 말씀 나누세요."

라고 전화 드렸더니 잠시 머뭇거리시더니 "그럴래?" 하신다.

나는 이 밤에 '다정도 병인 택규 씨'가 잠 못 들지 않았으면 좋겠다.

_사랑꾼 택규 씨, 그는 사랑이 뭔지를 보여주었다
17.04.19

그녀 나이 47세,
시골 마을에 신혼집을 차렸다

도서관에서 사서로 오랫동안 일했던 친구 A는 내 글의 열렬한 독자이자 비서였고, 내가 의기소침할 때마다 응원해주는 치어리더였다. 알고 지낸 지는 오래됐으나 가까워진 건 내가 글을 쓰기 시작한 지난해 1월부터였다. 매일 자료로 쓸 책의 목록들을 문자메시지로 보내면, 그녀는 다음 날 아침 도서관 내 전용 자리에 그 책들을 올려두었다. 나는 그 책상에 앉아 책을 읽고 글을 썼다. 그녀는 시간마다 슬쩍 와서 더 필요한 게 없는지 묻고 때때로 커피를 배달해주었다.

점심시간이면 우리는 주로 도서관 근처에서 순댓국을 먹었다. 그녀는 국밥을 떠먹으며 내가 오늘은 무엇에 대해 쓰는지 스파이가 염탐하듯 눈을 반짝이며 물었다. 나는 아주 디테일한 것까지 다 꺼내놓았다.

귀를 쫑긋하고 내 이야기를 들으며 큰 깍두기를 한입에 넣고 우적우적 밥을 먹는 모습이 재밌다. 안 그래도 먹는 속도가 느린 나는 말하느라 반의반도 못 먹었는데 그녀는 뚝배기를 들어 마지막 국물을 넘긴다. 결국 혼자 깍두기까지 클리어.

가끔 그녀는 자기 이야기를 써서 오곤 했다. 일기 검사를 받는 사춘기 소녀처럼 말간 얼굴로 내 반응을 기다린다. 나는 그녀의 글이 좋았다. 조미료 대신 멸치 국물에 조선간장으로 간을 맞춘 국수 같았다. 기교 없고 담백하고 순수했다. 그녀가 뭔가 첨언을 기대하는 눈빛으로 나를 본다.

"우와! 좋네."

내가 말하면 그녀는 실망 반, 안도 반의 희미한 미소를 보이며 가슴속 이야기를 꺼내곤 했다.

그녀에게는 사랑하는 사람이 있었다

택배가 왔다. 열어보니 껍질을 깐 고구마순 한 봉지와 단호

박, 고구마, 말린 고사리가 들어있다. 몇 달 전, 갑작스레 귀농해버린 그녀가 보내온 것이다. 택배 박스 안에는 농산물 종합세트와 함께 그녀의 사연이 들어있다.

편지의 내용을 요약하면 이랬다. 지난해 12월, 그녀는 정읍에 자리를 잡았다. 알 수 없는 인생이라더니. 골짜기와 낭떠러지를 돌고 돌아 그녀 나이 47세, 사랑하던 그를 다시 만났다.

그녀가 그를 처음 만난 것은 열일곱 살 때였다. 그는 그녀가 다니던 고등학교에 첫 발령이 난 선생님이었다. 가난 때문에 대학은 꿈도 못 꾸던 그녀에게, 넓은 세상 이야기를 들려주며 그녀가 갈 수 있는 학교를 알아봐 주고 아무런 조건 없이 첫 등록금도 지원해주었다.

어리바리한 그녀는 감사의 마음도 표현하지 못했다. 대신 그가 오래도록 그녀 곁에 머물 거라는 헛된 오해를 혼자서 했다. 그를 보면 뛰는 가슴이 사랑인지 뭔지도 몰랐던 시절이다.

그렇게 지방 전문대에 입학한 그녀는 이후 그가 결혼했다는 청천벽력 같은 얘기를 전해 들었다. 심장 한구석이 무너져 내리는 듯했다. 그는 어떤 책임질 만한 행동도, 언약도

한 적이 없었으므로 어린 그녀는 소리 없이 눈물만 삼켰다. 그렇게 혼자 그와 마음으로 이별했다.

그녀는 대학을 졸업하고 취업하고 결혼도 했다. 힘든 시간을 보냈다. 그리고 십여 년 전 이혼했다. 구구절절한 인생이 그녀를 바닥까지 밀어냈고, 그녀는 자기 자신을 포기하려 했다. 제정신으로는 버티기 힘든 날들이 지나갔다. 눈물도 말라붙었고 살아야 하는 이유도 뭣도 없이 시간을 죽였다.

그즈음 그녀는 그의 소식을 들었다. 귀농해서 잘 지내신다는 동창들의 이야기와 함께 그의 연락처를 손에 쥐었지만, 초라해진 그녀는 감히 연락하지 못했다.

더는 버티기 힘들던 어느 날, 죽기 전에 그의 목소리라도 듣고 싶다는 심정으로 전화를 걸었다. 안부로 시작한 대화는 숨길 겨를도 없이 속이 새어 나와 마침내 십 년 묵은 체증을 토해내듯 가슴속의 울화를 토해냈다.

그녀는 시장통에서 엄마를 잃어버렸다가 찾은 아이처럼 그동안 무슨 일이 벌어졌는지 울음을 헐떡이며 그에게 고해바쳤다. 밑도 끝도 없는 그녀의 흐느낌을 그는 듣기만 했다.

그와 다시 만났다. 그 역시 혼자였다. 그들은 30년을 돌고 돌아 다시 만났다. 한 편의 영화처럼.

그녀는 일찍 아버지를 여의었다. 생활전선에 뛰어들어 사남매를 키워야 했던 가난한 엄마는 늘 지쳐있었고 가슴이 차가웠다. 기억도 나지 않을 만큼 어린 시절부터 그녀는 자신의 입을 책임졌다.

그렇게 평생 시베리아 바람을 온몸으로 맞으며 외로움과 우울감에 쩔쩔매던 그녀에게 드디어 자신의 편이 생긴 거다. 그를 만나고 바닥을 기던 그녀의 자존감도 서서히 회복해갔다. 그가 머리를 쓰다듬을 때마다, 예쁘다고 말해줄 때마다, 사랑한다고 속삭여줄 때마다 그녀는 살아났다.

정읍의 한 마을, 여기서 그녀는 새댁으로 불린다. 평균 연령이 칠십 대인 그곳에서 그녀는 이효리와 동급이다 순전히 그녀의 생각. 그녀보다 여덟 살 많은 그는 청년이다. 그와 그녀는 갖가지 사연으로 몸뚱이뿐이다. 맨손으로 하루 벌어 하루 먹고 산다.

다행히 시골 생활은 몸만 움직이면 굶지 않는다. 동네에는 항상 일손이 필요하다. 돈 대신 농작물도 받고 푼돈이지만 돈도 번다. 아메리카노를 사서 마시거나 영화를 본다거나 하는 문화생활만 포기하면 나름 살 만하고 크게 돈 쓸 일도 없다.

그와 다 허물어져 가는 시골집에서 고기 없는 밥을 먹고, 싸구려 커피믹스를 물에 타 마시고 저녁이면 동네 저수지를 산책한다. 같이 벌을 치고 조그만 밭뙈기에 농사를 짓는다. 폭염에 농사는 폭삭 망했어도 그만 보면 웃음이 난다.

10개월을 살다 보니 동네에 친한 언니도 생겼다. 가끔 일을 도왔더니 언니가 고구마랑 고구마순을 챙겨주었다. 온종일 고구마순을 깠다. 허리가 끊어질 것 같다. 손도 시커메졌다.

도시에 살 때 지켜주고 응원해준 친구에게 뭐라도 주고 싶은데 여전히 가난한 그녀는 줄 것이 없다. 그래서 이것들이라도 보내주고 싶은 마음에 부지런히 손질한 것을 박스에 담아 택배로 부쳤다. 그녀는 별거 아니지만 뭔가를 줄 수 있음에 괜히 뿌듯해졌다.

고구마순을 같이 까주던 그가 벌통을 확인하러 산으로 가고, 그녀는 남은 것으로 김치를 담가 저녁 반찬을 만들었다. 그가 이것에 밥을 두 그릇 먹을 걸 생각하니 벌써 배가 부르다.

그녀에게 드디어 '내 편'이 생겼다

그녀가 그에게 가던 날, 분명 좋은 날인데 기차에서 내게 전화한 그녀는 목 놓아 울었다. 행복하러 가는 건데 왜 우느냐고 나도 꺼이꺼이 울며 둘이 신파를 찍었다. 그랬던 그녀가 잘 지내는 걸 보니 좋다. 택배 박스를 앞에 두고 우리는 한참 동안 모바일 메신저로 이야기를 나누었다. 아주 염장을 지른다. 말끝마다 '우리 쌤'뿐이다. 보내준 고구마순을 씻는데 웃음과 눈물이 같이 났다.

교류 기간에 상관없이 어느 순간 누군가의 영혼을 보게 되는 경우가 있다. 특히 상처받은 영혼은 가슴 깊이 각인된다. 그녀가 그랬다. 다행인 건 이제 더 이상 그녀가 피 흘리지 않는다는 것이다. 조만간 정읍에 내려가려 한다. '쌤'과 둘이 손잡고 걸었다는 저수지에서 석양을 바라보며 셋이 믹스커피를 마시고 싶다.

_30년 만에 다시 만난 연인
아메리카노 안 마셔도 행복한 일상
18.09.14

현실판 '바보 온달과 평강 공주'..
영화 같은 40년

나는 같은 아파트에 15년째 거주 중이다. 몇 층 아래에는 나와 비슷한 시기에 이사를 온 육십 대 중반 부부가 살고 있다. 그들은 항상 밝은 얼굴, 명랑한 목소리로 주민들에게 인사말을 건넨다. 승강기에서 그녀를 바라보는 그의 눈에서 꿀이 뚝뚝 떨어진다.

'재혼한 부부인가? 저 연배에 어떻게 저렇게 사이가 좋지?'

집과 연결된 작은 산에 다정히 산책을 다니고 서로를 향한 존경과 애정 어린 말들을 나눈다.

그가 우리 부부를 초대했다. 오랜 시간 얼굴을 봐온 사이라 낯을 가리는 나도 좀 편안해진 상태였다. 그는 덩치가 크고 목소리가 좋다. 자동 에코가 장착되어 있는지 중저음의 동굴 목소리가 난다. 그녀는 아담한 체격에 나이와 도저히 맞지 않는 맑은 얼굴, 티 없는 눈동자를 가지고 있다. 넷이 커피를 마시다가 문득 그동안 궁금했던 질문을 던졌다.

"두 분은 어떻게 만나셨어요?"

그는 12세에 아버님이 갑자기 돌아가시고 소년가장이 되었다. 먹고사는 일이 시급하니 공부는 꿈만 같았던 시절이었다. 그렇게 스무 살이 넘어 어렵사리 고입, 대입 검정고시를 치르고 9급 공무원이 되었다.

첫 근무지는 당시 서울역에서 기차로 열 시간 걸리는 삼척등기소. 그 길 위에서 그녀를 처음 만났다. 그녀는 책을 좋아해 세계문학전집을 몇 번이나 읽은 문학처녀였다. 둘은 살아온 이야기, 문학 이야기를 나누었다. 안동 본가에 가던 중인 그녀와 네 시간의 짧은 만남을 뒤로하고 헤어졌다. 그는 기차에서 내리는 그녀의 손에 수첩 한 장을 찢어 근무지 주소를 적어주며 아쉬운 작별을 했다.

그녀에게서 연락이 없었다. 그 후로 10개월. 잊을 무렵, 드디어 기다리던 그녀의 편지가 도착했다. 그녀는 그사이 독일에서 간호사로 일하고 있었다. 그러니 새로운 생활에 적응하느라 바빴다. 우연히 수첩들을 꺼내 정리하다가 그의 주소가 적힌 쪽지를 발견하고 그제야 편지를 보낸 거다.

한번 스친 남자에게 '올인'한 여자

둘은 편지로 마음을 나누었다. 그렇게 서신을 주고받으며 서로 가까워졌다. 그러던 어느 날, 그는 사법고시에 응시하고 싶지만 당장 일을 그만두면 먹고사는 일이 문제가 되니 고민이라고 털어놓았다. 그녀는 묻지도 따지지도 않고 그를 지원하겠다고 했다.

타국에서 죽도록 일해서 번 돈을 기차에서 스치듯 만난 사람에게 전부 보내준다는 게 말이나 되는 일일까? 놀랍게도 그녀는 2년 동안이나 그를 지원했다_{그는 7급 공무원 시험에 합격했}다. 어떤 확신이 있었던 걸까? 겨우 한 번 만난 사람인데. 그냥 운명이었을까?

운명이라고 말하는 건 너무 쉽다. 타인의 노력과 힘든 결정을 수고로움 없이 한 번에 정리해버리니까. 어떤 선택은 보기 좋은 열매를 맺기도 하지만 또 어떤 선택은 모든 걸 앗아가 버리기도 한다. 마음 주고 돈 주고 다 주고 나니, 성공해서 떠나버리는 스토리는 흥부와 놀부 이야기만큼 유명하다. 그만큼 그런 일들이 흔하니까. 그런데도 그녀는 그에게 올인했다.

드디어 3년 만에 그녀가 돌아왔고 둘은 결혼했다. 나는 그녀에게 어떻게 그럴 수 있었는지 물었다. 그녀는 '기차에서의 네 시간'이 그에 대한 믿음을 가지기에 충분한 시간이라 했다. 같은 곳을 바라보고 같은 꿈을 꾸고 있다는 믿음. 이후 편지를 주고받으며 느낀 그의 진솔함.

반전은 이후에 있었다. 그녀의 갑작스러운 고백.

"결혼한 지 40년인데, 결혼 후 30년은 내 선택에 의심이 들만큼 힘든 시기였어."

한평생 사랑만 받고 살았을 것 같았기에 나는 깜짝 놀랐다. 영화라면 이쯤에서 해피엔딩을 찍어야 마땅하지 않은가? 하지만 그리 호락호락하면 인생이 아닌 거지. 감동적인 이야기에 취해 내가 잠시 깜빡했다.

그는 효자란다. 감이 온다. 세상없는 효자와 사는 불행한 여자의 스토리는 소양강댐을 채우고도 넘친다. 시댁 일은 부인이 다 하고 남편은 효자가 되는 시스템. 나도 그렇게 20년 넘게 살아봐서 둘째가라면 서러울 만큼 이 분야 전문가이다. 효자라는 단어만 들어도 어떤 구구절절한 사연이 있는

지 눈앞에 그려지고 가슴 속에서 뜨거운 동지애 같은 것이 올라온다. 해병대도 이런 심정일까? 내게는 스무 살 전후의 아들 둘이 있다. 내 목표는 이 아들들이 독립적인 불효자가 되는 것이다. 부모에게 손 벌리지 않고 부모도 자식에게 기대지 않는 서로 독립적인 관계.

그는 또 한 가지에 빠지면 깊숙이 빠져 그것밖에 모르는 사람이 된다. 한동안 골프에 빠져 밖으로만 돌았다. 듣다 보니 참.. 남자는 부럽다. 낚시에 빠지고, 운동에 빠지고, 자동차에 빠지고, 자꾸 빠진다.

여자들은 빠지고 싶어도 허락을 받아야 하니 빠지기가 힘들다. 어디 가도 되냐, 뭐 해도 되냐, 늦어도 되냐… 어쩌다 백만 년 만에 친구들과 여행을 가려 해도 절차가 복잡하다. 말을 꺼내기 전에 1안, 2안으로 계획을 짜야 한다. 그리고 내가 얼마나 힘들게 이 말을 꺼내는지 보여주기 위해 "저기…" 하면서 말을 더듬고, 깎던 과일을 떨어뜨리며 불안한 심경을 흘려야 한다. 안 된다고 했을 경우, 강경책으로 나갈지, 눈물을 줄줄 흘리며 신파로 나갈지 분위기를 봐가며 결정해야 하기 때문에 순발력도 필요하다.

아, 그녀는 그가 효자라는 말과 뭔가에 빠져 가정을 소홀히 한 이야기는 단 1분만 했을 뿐인데 나는 슬프게도 그 말에 완벽하게 감정 이입했다.

당신의 사랑은 무엇입니까?

그녀는 사랑을 인내라고 했다. 그렇게 참고 기다렸더니 마침내 그녀가 꿈꾸던 그가 되었다. 가정에 충실하고 말이 통하는 남편의 모습이 된 것은 최근 10년의 일이다. 그도 점점 깨달아갔다. 그가 효자로 살 수 있었던 것도, 그의 가정이 평화로울 수 있었던 것도, 그녀의 희생과 인내가 있어서 가능했음을. 그의 에너지가 한쪽으로 쏠릴 때마다 중심을 잡아주는 그녀가 있어서 가능했음을. 그 사실을 조금씩 깨달아가며 그녀에 대한 존경과 사랑이 깊어졌다.

따스한 봄날에야 누군들 꽃을 피우지 못하겠는가. 하지만 엄동설한의 추위에 꽃을 피워내긴 쉽지 않다. 마찬가지로 좋은 일만 있을 때야 누군들 사랑하고 행복하게 사는 게 어렵겠는가. 하지만 진짜 사랑은, 진짜 행복은 인생의 고비 고비에서 드러난다. 더 이상 바닥을 칠 수 없을

때, 바닥에 떨어진 그 사람을 버리지 않고 손 내밀어주는
누군가가 있을 때, 추위 속에서 더 향기롭게 피어나는 것.
그것이 진짜 사랑이 아닐까?

_김수영, 《당신의 사랑은 무엇입니까》

사랑과 고마움과 애틋함이 범벅인 채로 결혼해도, 살다
보면 후회와 원망이 생기기 마련이다. 그들 또한 여기까지
오는 데 30년이 걸렸단다.

공연히 주먹이 쥐어졌다. 나는 이제 7년 남았구나. 고지
가 눈앞이다. 문득 내 남편이 꿀을 흘리며 나를 바라볼 것을
생각하니 닭살이 돋는다. 그러지는 말라고 해야겠다.

그런데 참고 살기만 하다가 한평생이 가버리면 어쩌지?
내 빈약한 사랑과 커다란 걱정 사이 다시 잠 못 드는 밤이
왔다.

_ '운명' 이라는 말은 너무 쉽다
18.06.15

기름 냄새도 싫고 남편도 싫을 때
내 사랑이 왔다

찬바람이 온몸을 스치는 순간 가슴이 철렁한다. 주책없는 감정에 매몰되기 전에 재빨리 친구에게 전화를 걸었다.

"나야, 음식물쓰레기 버리러 나왔는데 갑자기 바람이 차서 전화했어."

감정에 있어서는 '화난다' '웃기다'와 같은 단순한 것밖에 없는 내 친구가 "바람이 왜?" 한다. 그녀에게 찬바람은 '춥다'뿐이다. 그런 그녀와 몇 마디를 나누다 보면 쓸데없이 에너지 소모가 많은 감정들이 확 깬다. 내게 얼마나 유용한 친구인지! '이성 갑'인 그녀와 '감성만 갑'인 내가 친구인 것은 자연의 법칙 같다. 두루두루 보완하고 살라는.

그녀랑 얼마 전 〈렛 더 선샤인 인〉을 다운받아 보았다. 쥘리에트 비노슈가 주인공인 '사랑 찾아 삼만 리' 하는 영화이다. 여기저기서 불쑥불쑥 튀어나오는 대사들이 주옥같다. 사랑의 통찰이 담긴 언어들과 쥘리에트의 빛나는 연기. 점쟁이를 찾아가서 자신의 이야기를 쏟아내는 마지막 장면에서 그녀가 웃으면 나도 웃고 그녀가 울면 나도 울었다.

서글픈 건 그 점쟁이 또한 얼마 전 실연당하고 마음의 상처로 고통받고 있었다는 것. 그래서 그녀에게 하는 조언은 그녀를 향하기도, 자신을 향하기도 하는 것 같았다. 점쟁이라도 자신의 운명을 다 알 순 없을 테니.

영화가 끝나고 친구가 말한다.

"대체 뭘 말하고 싶은 영화인지 모르겠어."

진정한 사랑이 고픈 여자의 대책 없는 흔들림이 이성적인 그녀에게 와 닿을 리 없다. 속이 빤히 보이는 저런 남자들과 연애하고 상처받느니 그 시간에 자기계발을 해야 속이 시원한 친구이다. 뭐라 잘못 대답했다가 정신 못 차린다고 혼이 나는 수가 있어서 입을 다물었다.

기승전결이 명확하지 않은 이런 종류의 영화는 주인공의 감정대로 흘러가다가 그 속에서 지나간 나를 보게도 하고 스쳤던 누군가를 떠올리게도 한다. 때문에 잔상이 많이 남는다. 나는 이 영화가 좋아서 세 번을 봤다. 왜 좋냐고 묻는다면 대장금의 명대사가 떠오른다.

"음식에서 홍시 맛이 나서 홍시라 했는데 왜 홍시 맛이 나냐고 물으시면 뭐라 답해야 합니까?"

좋아서 좋은 거다. 사랑에는 이유가 없다.

엔딩 크레디트 다 올라가도록 일어서지 못한 영화

그런 친구도 나도, 엔딩 크레디트가 다 올라가도록 일어서지 못한 영화가 있었으니 바로 〈내 사랑〉이다.

〈내 사랑〉은 캐나다 나이브 화가 모드 루이스와 그녀의 남편 에버렛 루이스의 실화를 바탕으로 만든 영화이다나이브 화가란 정규 미술 교육을 받지 않고 자연과 현실에 대해 직관적이고 소박한 태도를 가진 화가를 뜻한다.

남편 역은 말이 필요 없는 배우 에단 호크, 아내 모드 역은 영화를 보고 나면 감탄밖에 나오지 않는 샐리 호킨스가 맡았다. 영화감독 에이슬링 월쉬는 박찬욱 감독이 만든 〈아가씨〉의 원작 〈핑거스미스〉를 찍은 아일랜드 출신의 여성 감독이다.

몇 년 전 나는 〈핑거스미스〉를 보고 충격에 빠졌다. 〈식스 센스〉를 능가하는 최고의 반전 영화였다. 스토리는 물론이고, 두 여주인공의 섬세한 감정의 흐름이 놀라웠다. 샐리 호킨스와는 여기서 이미 호흡을 맞춘 바 있는 감독이 모드 루이스 역에 고민 없이 그녀를 캐스팅해, 십 년 넘게 공들여 만든 작품이 〈내 사랑〉이다.

모드는 어린 시절부터 심각한 관절염을 앓아 손, 발 관절이 비틀려 있다. 걷는 것이 불편하고 물건을 제대로 잡기도 힘들다. 부모가 죽자 하나뿐인 오빠는 재산을 다 차지하고 그녀를 고모에게 보낸다. 냉정한 고모 밑에서 세상과 단절된 채 외롭게 지내는 그녀에게 유일한 위안은 그림 그리는 일뿐이다.

그녀는 밤이면 몰래 집을 빠져나가 클럽에도 가본다. 청춘들이 몸부림치고 젊음의 향기가 가득한 그곳에서 누군가 친구로 다가오기를 기대하지만 그런 일은 없다.

시종일관 윽박지르고 무시하고 뺨까지 때린 남자

고아로 자란 가난한 생선장수 에버렛은 세상을 향해 분노로 벽을 치고 있다. 글도 모르고 돈도 없으니 행여나 만만해 보일까 봐 두려워 괴팍한 성질로 무장한다.

그런 그가 가정부 구인광고를 냈고 갑자기 갈 곳이 없어진 모드는 그의 가정부로 들어간다. 그의 집은 마치 "저 푸른 초원 위에 그림 같은 집을 짓고 사랑하는 우리 님과 한평생 살고 싶은 작은 집"이다.

상처받고 외로운 영혼끼리 서로 오순도순 살면 좋으련만, 인간관계에 서툰 이 남자는 그녀에게 시종일관 윽박지르고 무시하고 급기야는 뺨까지 때린다. 나는 이 장면은 없어야 했다고 생각하는 1인이다. 물론 실화를 바탕으로 실제로 그런 일이 있었다 해도 말이다. 너무 뜬금없고 폭력적이고 가슴이 아프다.

그녀는 그와 지내며 벽에, 판자에 그림을 그린다. 우연히 그녀의 집에 들렀다가 그녀의 그림을 발견한 미술 애호가 산드라에 의해 그녀는 세상 밖으로 나오게 된다. 열린 문틈 사이로 그녀가 벽에 그려놓은 닭을 보고 그녀의 특별함을 읽어낸 산드라. 모드는 얼마 전 치킨 스프를 만들기 위해 닭을 잡았었다. 아마도 그 닭의 가장 행복했던 순간을 기억해주고 싶어서 그렸다고 말하는 그녀.

모드는 자신의 비틀린 발조차 포근히 감싸줄 것만 같은 산드라의 멋진 구두에 시선을 빼앗기고, 산드라는 그런 그녀에게서 시선을 떼지 못하는 그 장면이 느닷없이 뭉클하다. 그녀의 운명이 바뀌는 순간이기 때문이다.

생선 배달 수레에 모드를 태우고 노을 지는 초원을 가로지르는 명장면. 영화 포스터에도 나오는 그 장면 이야기이다. 재밌는 것은 모드가 그림을 팔아 돈을 벌기 시작하고부터 남자가 그녀를 수레에 태운다는 것그전에는 위태롭게 걸어 다녔다. 모드가 조금 큰돈을 벌자 그때부터는 아예 모드를 자신과 마주보게 앉히고 달린다.

아, 이런 리얼리티! 돈은 이래저래 힘이 세다. 내가 삐뚤어진 건가? 그가 진심으로 그녀의 동반자로서 그녀의 자아실현을 기뻐해서 그랬을 수도 있는데 말이다. 사실은 초반에 뺨 때린 것 때문에 곱게 안 보인다.

어린 시절 아빠의 발등에 두 발을 올리고 걸음마 하듯이 춤을 춰본 적이 있다. 40년도 넘은 일이라 잊고 있었는데 영화에 그런 장면이 나온다. 모드와 에버렛이 결혼하던 날 밤. 그의 발등에 두 발을 올리고 춤을 추던 그녀는 "한 쌍의 양말처럼 살자."고 한다. 얼마나 로맨틱하던지!

저녁을 먹으며 아들에게 이 장면을 설명하다가 실험해보았다. 덩치가 산만한 아들은 발등이 찢어질 듯 아프다고 난리이다. 극한 고통으로 인해 이 장면은 멜로가 아닌, 액션인 것으로 판명 났다.

너무 순수해서 뭉클한 그녀의 '그림'

그녀의 그림은 동화적이다. 너무 순수해서 그 자체로 뭉클하게 만드는 힘이 있다. 어린 시절부터 창을 통해 본 세상이 전부였던 그녀는 자신의 삶이 액자 속에 있다고 말한다. 액자 안에 자신의 눈을 통과한 인생과 사랑, 상상과 추억을 담았다.

그 누구보다도 강하고 독립적인 그녀는 거친 야생마 같은 에버렛마저 결국 자신의 울타리 안에서 순한 말로 만들어버리는 능숙한 조련사이다. 자기주장을 할 수 없는 상황에서도 한 인간으로서의 우아함과 품위를 잃어버리지 않는 존엄한 존재, 상대의 자존감을 세워주면서도 자신이 원하는 방향으로 대화를 이끌어갈 줄 아는 높은 지적 수준의 소유자, 돌직구로 자신의 마음을 고백할 줄 아는 아름다운 사람 모드.

모드는 점점 유명해져서, 심지어 닉슨 부통령도 그녀의 그림을 산다. 처음엔 이 모든 게 좋았던 에버렛은 세상의 관심이 그녀에게만 쏠리니 점점 자격지심이 생긴다. 남녀 사이뿐만 아니라 모든 인간관계에서 그런 자격지심이 발동하는 순간 틈이 생기기 마련. 결국 둘은 잠시 떨어져 지낸다.

하지만 그러는 사이 서로를 향한 마음을 깨닫고 둘은 다시 굳건한 사이가 된다. 비 온 뒤 더 굳어진 땅처럼.

슬픈 건 이런 걸 깨닫는 순간은 항상 너무 늦게 온다는 것이다. 그녀가 쓰러지고 그는 고백한다.

"왜 나는 당신이 부족한 사람이라고 생각했을까?"

그의 슬픈 독백에 그녀는 낮게 답한다.

"I was loved."

그렇게 그녀는 갔다. 마음이 한 평은 넓어진 것 같다. 이토록 순수한 영혼이라니.

이제 추석이다. 몸도 마음도 바쁘다. 명절이 지나고 나면 기름 냄새도 싫고 남편도 싫다. 죄가 없어도 밉고 죄가 있으면 더 밉다. 이럴 때 마음을 달래줄 영화가 필요하다.

이번 연휴에 〈내 사랑〉을 다시 봐야겠다. 그러는 사이 혹시 나도 깨닫게 되려나…?

_너무 순수해서 뭉클한, 영화 〈내 사랑〉 모드 로이스
18.09.24

엄마,
우린 근친이라 안 돼요

30년 전, 부모님은 여수에 야산을 사서 중턱에 전원주택을 지었다. 아빠가 당시 레미콘 사업을 하고 있어서 시멘트가 남아돌았는지 아주 크게 지었다. 손자손녀들 놀러 오면 쓰라고 마당에 작은 수영장도 만들었다. 말이 수영장이지 그냥 땅을 깊게 파서 시멘트로 발라놓은 것이다. 그리고 산에서 내려오는 물을 끌어다가 받았다.

우리 아이들이 어렸을 때는 비버리힐스가 부럽지 않은 곳이었는데 벌써 오래전이라 지금은 여기저기 다 부서지고 흉물스럽다. 마당에 '춘향이'라는 큰 개가 있는데, 지금 그 수영장은 춘향이 용품들이 쌓인 창고가 되었다.

방도 일곱 개이다. 근데 쓸 만한 방은 하나도 없다. 시멘트는 많고 철근은 부족했는지 온 집이 균열이다. 비가 오면 대야를 받혀야 하는 데가 열 곳은 되는 것 같다. 몸이 불편한 엄마와 이제는 늙고 약해진 아빠가 사는 이 집이 관리가 잘 될 리 없다.

빈방 네 개는 거미줄이 가득해 귀신 나오게 생겼고 겨울이면 균열 사이로 바람이 들어와 방 안에서도 패딩을 입어야 할 정도이다. 물론 안방과 작은 방 두 개는 빼고. 이들 방은 나머지 방으로 둘러싸여 있어 다행히 따습다. 화장실이 외부와 맞닿아 있어 얼마나 추운지, 밤에 쉬라도 하면 잠이 확 달아난다.

중풍으로 휠체어를 타게 된 엄마

이렇게 불편 덩어리인 우리 집이 웬일인지 내 아들들에게는 꿈의 장소이다. 늘 외갓집에 가고 싶어서 안달이다. 컴퓨터도 없고 주변에 집도 없이 적막한데 아이들은 그곳을 좋아한다. 마음이 편안하단다. 엄마가 아프기 전, 그러니까 20년 전까지는 깨끗하고 나름 럭셔리한 집이었는데 엄마가 아프고 난 뒤 모든 것이 달라졌다.

부모님이 이 집을 고수하는 이유는 하나이다. 휠체어를 타는 엄마. 거실 겸 마루가 너무 넓어 겨울에도 보일러를 틀지 않지만, 그 넓은 덕에 전동휠체어를 타고 왔다 갔다만 해도 하루가 답답하지 않다. 해가 없을 땐 냉기가 돌지만 통유리로 되어있어 해만 뜨면 온실이다. 넓은 거실 통유리 앞에서 바다를 내려다보며 앉노라면 무릉도원이 따로 없다.

3년 터울의 두 아들은 어쩌다 보니 얼마 전 수능을 '같이' 치렀다. 대학 입학원서 접수도 끝나서 부모님께 얼굴을 보여드리러 아이들과 함께 여수에 내려갔다. 집도 부모님도 1년 사이 더 노쇠해 있었다. 먹을 것을 잔뜩 사다 놓으신 아빠는 볼일이 있다고 외출하셨다.

장거리 여행이라 피곤한 나는 커피를 들고 마루로 나와 바다를 향해 의자에 앉았다. 엄마는 전동휠체어를 끌고 와 내 옆에 앉는다. 햇빛에 반사된 물빛이 눈에 부시다. 아이들이 라꾸라꾸를 끌고 와서 그 옆으로 나란히 눕는다. 중풍 때문에 오른쪽이 마비되고 말이 어둔한 엄마와 커피를 마시며 이야기를 나눈다. 잘 지냈는지, 별일 없었는지 묻는 내게 엄마는 "그냥 그래."로 일관한다.

불효자는 웁니다!

나는 엄마가 웃는 게 좋다. 불편한 몸으로 하루하루 버티는 엄마가 날마다 웃을 일이 얼마나 있을까 싶어 나는 시도 때도 없이 뜬금없는 말들을 늘어놓는다. 엄마는 내 손을 끌어다 자기 마비된 손 위에 얹고는 성한 손으로 한없이 만지작거린다.

그런 엄마를 보다가 눈이 마주쳤다. 백내장이 와서 눈빛이 혼탁했다. 게다가 얼굴 절반이 마비라 엄마의 입가에서 침이 흘렀다. 나는 조용히 엄마에게 말했다.

"엄마, 아무리 그렇게 음흉한 눈으로 군침을 흘려도 우린 근친이라 안 돼요. 다음 생을 기약하세요."

엄마는 숨넘어가게 웃느라 침을 더 흘렸다. 나는 아무리 군침을 덩어리로 흘려도 어림없다고 못을 박고는 저녁밥 하러 부엌으로 갔다. 라꾸라꾸 침대에서 휴대폰을 보던 큰아들이 키득거렸다.

엄마는 내가 어딜 가든 따라온다. 주방으로, 거실로, 심지어 화장실 앞까지. 한참을 주방에서 음식 만드는 나를 보더니 슬그머니 사라진다. 그리고는 베개를 휠체어에 싣고 나타났다.

아! 엄마는 또.

마비된 손으로 베개를 누르고 성한 손으로 간신히 지퍼를 열어 봉투를 꺼낸다. 내가 도리도리하고 계속 상추만 씻자 엄마는 애가 탔다. 아빠가 오기 전에 빨리 이 봉투를 내게 전달해야 하는데 내가 도리질만 하고 있으니.

"엄마, 내가 엄마보다 훨씬 잘 먹고 잘살아요. 내 걱정 마시고 그 돈으로 엄마 맛있는 것 사드세요. 이왕 줄 거면 집문서 같은 걸 주든지."

엄마는 또 웃는다. 결국 나는 그 돈을 받았다. 국민연금에 장애연금으로 근근이 생활하는 엄마의 돈을. 참으로 불효자이다. 울어야 한다. '불효자는 웁니다.' 그 돈은 돌고 돌아 울 아버지의 주머니로 들어가니 아버지가 울어야 하나?

저녁 설거지를 끝내고 안방으로 왔더니 몸살 기운이 있는 작은아들은 그새 잠이 들었다. 엄마와 큰아들은 귤을 까먹으면서 아이패드로 동영상을 보고 있다. 뭔가 보니 개그맨이 짜장면을 먹는 먹방이다.

소고기에 밥을 네 그릇이나 먹은 사람이 할 짓이 아니다. 대단한 내 아들. 그런데 엄마는 신기한 듯 재미있어했다.

귤을 먹다가 과즙을 흘리는 할머니 입가를 휴지로 무심히 닦아주는 아들을 보니 저렇게 많이 먹는 돼지라도 참 좋았다. 나는 아들 뒤에서 그 크고 넓은 등을 껴안으며 말했다.

"엄마 손 시려. 주방 보일러가 안 되는지 완전 추워."

아들은 차가운 내 손을 잡으며 말했다.

"엄마, 아무리 그래도 우리는 근친이라 안 돼요. 다음 생을 기약해요."

이놈의 시키가!

_호모모방쿠스, 아들과 나
19.01.07

미미와 함께 산 지 10년,
우리에게 시간이 많지 않구나

⬤⬤　　　　반려견 미미와 미나가 가족이 된 지 벌써 10년이 넘었다. 미미는 흰색 푸들이고 미나는 갈색 포메라니안이다. 둘은 비슷한 시기에 우리 집으로 왔다.

미미는 활발하고 밥 잘 먹고 샘도 많고, 무엇보다도 감성이 넘친다. 단조곡만 흘러나오면 두고 온 고향이 그리운지 하울링을 엄청 한다. 미나는 반대이다. 미미에 치여 항상 멀찌감치 앉아있고 밥은 새 모이처럼 겨우 몇 알갱이만 먹는다. 미미는 4킬로그램, 미나는 2킬로그램이니 미미가 미나의 두 배이다.

겨우내 미미와 미나는 집에만 있었다. 날도 춥고 미세먼지도 많다는 게 주된 이유였지만, 솔직히 나가기가 귀찮았다. 그러다 보니 유난히 작고 연약한 미나는 다리에 힘을 점점 잃어 미끄러운 마룻바닥을 잘 걸어 다니지 못했다. 걷기 편하라고 요가 매트를 거실 곳곳에 깔아놓았지만 화장실 갈 때를 빼고는 온종일 누워있거나 가족들 품을 전전했다.

온전히 누리고 싶은 봄날

날이 풀리고 진달래가 피기 시작한 3월부터 나는 이 '아이들'을 데리고 다시 산책에 나섰다. 아파트 뒤쪽으로 야트막한 산이 있어서 걷기에 안성맞춤이다. 아직은 쌀쌀하니 반려견용 옷을 입히고, 커피를 담은 텀블러와 강아지 배변을 치울 휴지와 비닐봉지를 작은 가방에 챙긴 후 목줄을 채운다.

아이들은 목줄만 봐도 BTS를 만난 듯 흥분한다. 자기 먼저 목줄을 채우라고 서로 머리를 들이미는 바람에 정신이 하나도 없다. 겨우 준비를 마치고 승강기에 오르면 아이들은 문 앞에 바짝 서서 대기한다. 문만 열리면 곧장 밖으로 튀어 나갈 기세이다.

산에 오르는 길, 하루하루가 다르게 꽃이 피어나고 새잎이 돋아난다. 갈색에서 연두로, 연두에서 초록으로, 이렇게 금방금방 옷을 갈아입는 산을 보는 재미가 쏠쏠하다.

두 마리를 한꺼번에 산책시키기는 간단치가 않다. 아이들이 왔다 갔다 하며 줄이 엉키거나 때로는 서로 반대 방향으로 향하기 때문이다. 출발하고 20여 분 동안은 배변을 치우고 쉴 새 없이 엉킨 줄을 푸느라 어수선하다. 그 후론 신기하게 줄이 꼬이지 않게 서로를 봐 가며 보폭을 맞춘다.

30~40분 산길을 걷다 보면 앉아서 쉬기 좋은 지점이 나온다. 목줄 손잡이를 가까운 나뭇가지에 걸어놓고 나도 아무 데나 걸터앉아 스마트폰에 저장된 클래식 음악을 낮게 틀어놓는다. 그리고 텀블러에 담아온 커피를 마신다. 아이들은 코를 킁킁거리며 봄의 냄새를 만끽하고, 나는 커피 향을 음미하며 나만의 '산타벅스 카페'를 만끽한다.

피아노 연주와 새 소리와 강아지들이 밟아서 내는 낙엽의 바스락거리는 소리는 어떤 앙상블보다도 조화로운 선율을 자아낸다. 혼자 듣긴 아깝지만 그렇다고 나누고 싶지는 않은 이 평화로운 고요함. 나는 되도록 아무런 생각을 하지 않으려 한다. 생각은 주로 걱정이니까. 어떤 생각에 빠져들어 이 행복을 놓칠까 봐. 오로지 이 순간에 머물고 싶다.

실컷 탐방을 끝낸 아이들이 내게 모여들어 뒷발을 구른

다. 인제 그만 출발하자는 이야기이다. 남은 커피를 원샷하고 아이들과 다시 산을 내려온다. 올라올 때와 다른 길을 선택한다. 이미 길을 다 알고 있는 아이들이 앞장서서 나를 이끈다. 엉덩이를 실룩거리며 걷는 뒷모습이 얼마나 귀여운지 나는 참지 못하고 매번 카메라 셔터를 누른다.

산책을 재개한 지 3주 정도가 지나자 미나는 마룻바닥을 잘 걸어 다니더니 지금은 뛰어다닐 정도로 다리 힘이 좋아졌다. 문제는 뜻밖에 미미에게 찾아왔다.

나는 처음엔 미미가 관심을 더 받으려고 연기하는 줄 알았다. 그동안 종종 그랬으니까.

우리에게 시간이 많지 않겠구나

미미의 복수는 오줌 싸기. 미미는 내가 조금이라도 미나를 더 챙기는 것 같으면 여지없이 내 방에 들어와 실례를 했다. 그러고는 내가 엎드려 닦는 것을 보고 있다. 다시는 그러지 말라는 눈빛으로.

애교도 많은 미미는 내가 외출하고 돌아오면 얼마나 서둘러 뛰어나오는지 꼭 넘어진다. 슬랩스틱 코미디처럼.

"아이구 천천히 와, 다친다."

말은 그렇게 하면서 나도 쪼그려 앉아 두 팔을 벌리고 미미를 안을 준비를 한다. 얼마나 격정적인지 로미오와 줄리엣도 울고 갈 판이다.

매번 나를 향한 사랑이 뜨거운 우리 미미. 아무리 밀어내도 꼭 내 몸 어딘가에 엉덩이를 붙이고 앉는다. 내가 말을 걸면 대답하는 것처럼 꿍알꿍알 소리를 내니 대체 정체가 뭘까 싶을 때도 있다.

그랬던 미미의 행동이 좀 이상해졌다. 눈빛이 멍하고 어딘가 불안해 보였다. 밤에 잠을 안 자고 낑낑대더니 부르는 소리에 대한 반응이 점점 느려졌다.

진단명은 인지장애. 수의사는 병의 진전을 최대한 늦추려면 새로운 곳에 데려가 산책하는 식으로 좋은 자극을 줘야 한다고 조언했다. 미미의 인지장애를 격하게 부정하며 연기라고 우기던 두 아들도 표정이 어두워졌다.

밤마다 낑낑대는 미미를 내 침대로 데리고 왔다. 미미는 내 품에서 숨소리를 거칠게 내쉬며 잠들었다. 나는 잠들지 못하고 미미를 바라보았다. 우리에게 남은 시간이 많지 않겠구나.

아침이 밝아왔다. 미미와 미나에게 밥을 주고 나갈 준비를 한다. 다시 나서는 산책길. 미미가 자꾸 두리번거린다. 십 년을 다니던 산책길인데. 나는 아무 일도 없는 듯 미미에게 말을 건다.

"바보 미미, 아직도 길 몰라?"

그런데 내 목소리는 자꾸 갈라지고 떨린다. 미나는 늘 그렇듯이 가만히 서서 미미를 기다리며 아기사슴 같은 눈동자로 나를 위로한다.

다시 정신을 바짝 차린다. 아직 우리가 함께하고 있는 이 시간마저 마침내 다가올 슬픔에 미리 넘겨주고 싶지 않다. 쉬기 좋은 지점에 머물며 다시 아이들은 봄에 취하고 나는 볕에 취한다. 오늘의 선곡은 안 슬프고 아름다운 곡. 쇼팽의 〈즉흥 환상곡〉이다. 턱을 괴고 앉아 아이들을 바라본다.

하산하고 집에 돌아와 아이들 발을 씻기고 말린 뒤 물과 간식을 챙겨준다. 미미는 꼬리를 내리고 빙글빙글 돌더니 누워서 멍 때리기를 시작한다.

스윽 훑고 가셔요

출근하려던 남편이 돌아서서 미미를 보고 "다녀올 테니 잘 있어라." 인사한다. 아들 둘도 시간차로 나가며 미미 이마에 뽀뽀를 한다. 미미는 우리 심정을 아는지 모르는지 면벽수행을 할 뿐이다.

앞으로 우리가 몇 번의 봄을 함께할 수 있을까? 미미가 찢어놓은 벽지, 미미 냄새가 나는 소파, 미미의 흔적이 가득한 이 집에서 미미가 없는 시간들은 어떻게 보내야 할까?

아무리 깨어 있으려고 노력해도 현실을 온전히 산다는 것은 이토록 어려운 일이구나. 바보같이 나는 매시간, 매분, 이별이 오기도 전에 이별을 마주하고 있다. 그리고 결국 또 나를 마주한다. 살아도 살아도 이별은 늘 뜻밖의 일이 되는 나약한 나를.

요즘 음악 차트 역주행으로 주목을 받고 있는 그룹 잔나비의 노래를 들었다. 히트곡 '주저하는 연인들을 위해'의 첫 소절이 인상 깊다.

"나는 읽기 쉬운 마음이야. 당신도 스윽 훑고 가셔요."

나는 다치기 쉬운 마음이다. 그러니 이별도 슬픔도 머물지 말고 훑고 지나가길. 스윽, 그렇게 빨리….

_세월이 흘러도 왜 이별은 늘 뜻밖의 일이 될까?
19.05.05

만석 비행기에 오른 북극곰 삼총사, 그 후에 닥친 재앙

"배고파, 오늘 저녁 뭐야?"

"김치찌개야."

"고기 많이 넣었어?"

"응, 두 근 넣었어. 김치보다 고기가 더 많아."

"오.. 맛있겠다."

짭조름한 저녁을 먹고 나면 달콤한 아이스크림을 찾고 또 서너 시간 지나면 야식을 먹는, 배고프면 화가 나는 남자. 키 183센티미터, 몸무게 90킬로그램. 내 아들이다.

집에서 얼큰새콤한 김치찌개를 먹어본 게 언제인지 모른다. 고기를 지나치게 많이 넣으면 김치찌개에서 감자탕 맛이 난다. 사실은 고기찌개라고 부르는 게 더 맞다. 김치는 거들 뿐. 하지만 고기가 부족할 때 아들의 얼굴에 감도는 허탈함을 보고 가슴이 찢어지느니 감자탕 맛 김치찌개를 끓이는 게 낫다.

남편과 나는 주로 채식을 한다. 건강을 위한 것은 아니고 생활비를 뛰어넘는 식비 때문이다. 내가 아들과 다니면서 21년간 가장 많이 듣는 소리가 있다.

"아이고! 엄마는 안 먹고 아들만 먹이는 갑다."

나는 아들이 잘 먹는 모습을 보는 게 좋다. 다행히 키가 커서 비만처럼 보이진 않는다.

외출하고 집에 돌아오니 아들 친구 두 명이 와 있다. 반갑게 맞아준다. 끼리끼리 논다고 이 친구들은 키 185센티미터에 몸무게는 100킬로그램에 가깝다. 밤에 골목길에서 마주치면, 도망가고 싶게 만드는 덩치들.

환한 미소를 보여준 뒤 주방으로 가보니 싱크대에 곰솥과 그릇들이 있다. '사람 셋이 라면을 먹는데 도대체 몇 개를 먹기에 곰솥이 필요할까?' 생각하며 설거지를 한 후 예쁜 바구니에 귤을 담아 아이들에게 준다. 감사하다고 말하는 아이들의 얼굴이 뭔가 어색하다.

몇 걸음 떼다 돌아보니 북극곰 세 마리가 간장 종지를 쳐다보고 있는 것 같은 그림이다. 아차! 나는 귤 상자를 통째로 건넨다. 아이들은 이제야 잇몸 만개 미소를 보여준다. 미소 천사들.

지난해 이들 셋이 각자 번 돈을 모아 유럽 배낭여행을 갔다. 만석인 비행기에 아이들은 나란히 앉았다. 이후에 닥칠 재앙은 생각지도 못한 채. 셋이 나란히 앉으니 입추의 여지가 없더란다. 꽉 끼어 앉아서 오순도순 담소를 나누던 중 식사가 나왔다. 식판을 앞에 놓고 셋이 동시에 팔을 움직여 밥을 먹을 수 없었던 북극곰들은 밥때마다 한 명씩 서 있었단다. 남들 밥 먹을 때 혼자 중간에 서서 어색함을 견뎌야 하는 눈물 없이 들을 수 없는 스토리에 나는 울었다.

북극곰 1은 고등학교 졸업 후 바로 그의 아버지가 운영하는 작은 공장에 취직했다. 총직원이 세 명인 이곳에서 후계자 수업을 받는다. 역시 '재벌 2세본인 주장'답게 오너드라이버이다. 연식을 알 수 없는 경차를 타고 다니는데, 셋이 그 차에 타면 마치 튜닝한 스포츠카 같다. 차체가 바닥에 깔린다. 몸무게가 적폐이다. 구김살 없는 얼굴이 이 아이의 매력이다.

북극곰 2도 고등학교 졸업 후 바로 취업했다. 주유소, 편의점, 피시방을 돌아 지금은 휴대폰 대리점에서 일한다. 나는 그가 오늘 휴대폰을 몇 대 팔았는지, 팀장한테 어떤 구박의 말을 들었는지, 또 점심으로 뭘 먹었는지도 안다. 그리고 곧 있으면 실적 부진으로 퇴출 위기에 있다는 것도. 농담인 듯 우스갯소리를 섞어서 하는 말이지만 말 하나하나가 신경이 쓰인다. 아직 어리고 경험이 없는 아이가 부당한 일을 당할까 봐 귀를 쫑긋하고 듣다가 내가 더 흥분할 때도 있다.

아픈 아들의 도전을 응원하는 이유

북극곰 3인 내 아들은 삼수생이다. 올해도 눈이 내리던 그날 시험을 봤다. 아들이 수능을 치르던 날, 나는 밤새 깨어있었다. 뒤척이다 잠들었을 아이의 잠든 얼굴을 보니 울컥한다. 서로 내색하지는 않았지만 사실 아이도 나도 힘들었다.

아들은 갑상샘 기능 항진증을 앓고 있다. 고등학교 졸업 후 재수하겠다고 했을 때부터였다. 그동안 건강하던 아이였기에 믿을 수 없을 만큼 놀랐다. 스트레스와 유전적인 소인이 원인이라는데 나 때문인 것 같았다. 친정엄마가 그 병을 심하게 앓았기 때문에 내가 그 체질을 아이에게 물려준 것만 같아 마음이 편치 않다. 삼수를 하는 동안 입시 스트레스 때문인지 약을 먹어도 쉽게 낫지 않았다. 주 증상은 숨만 쉬어도 몰려오는 엄청난 피로감이다. 이 상태로는 수능 준비 자체가 불가능하다는 걸 안다.

아들은 대학으로, 일터로, 자신들의 자리를 잡아가는 친구들을 보며, 돌아갈 자리가 없는 자신이 초조했을 것이다. 아무런 소속감이 없을 때 느끼는 소외감에 아이는 몸부림쳤을 텐데. 그래서 아무것도 하면 안 된다는 의사 선생님의 조언을 물리치고 삼수생이라는 울타리에 들어가고 싶었는지도 모르겠다. 아픈 몸에 육체노동은 불가능했으므로.

나는 아이가 무엇을 하든, 그저 등 두드려 주리라 마음먹었다. 아이가 물에 흠뻑 젖은 솜처럼 축 처진 몸을 일으키려 애쓸 때 나는 그의 등을 쓰다듬으며 밀어준다. 가만히 있어도 칼로리가 소모돼 눈만 뜨면 배가 고파지는 아들을 위해 하루에 밥을 다섯 번 차릴 때도 있다.

과다한 약물 복용으로 갑상샘 기능이 저하돼 몸무게가 10킬로그램 이상 늘었다. 검사상의 수치는 나아진다는데 아들의 몸은 훨씬 더 망가져 보였다. 자신의 모습을 보는 아들의 얼굴에 스치는 복잡 미묘한 감정을 놓칠 리 없는 나는,

그래서 가슴이 내려앉는다.

아들의 이런 상황을 애 아빠도 물론 잘 안다. 하지만 아들에게 기대가 컸던 만큼 아빠는 미련이 남는다. '조금만 더 기운을 내서 열심히 하면 될 것 같은데' 하는 마음이 있어, 늦게까지 자고 있는 아들을 보는 눈빛이 곱지 않다. 남편의 마음도 이해 못 하는 건 아니지만 남편보다 아픈 아들이 더 신경이 쓰이는 나는 그럴 때마다 남편을 흘겨보며 말한다.

"좋은 대학을 가고 못 가고가 중요한 게 아니라 우리가 같이 사는 이 순간이 백배 더 중요해. 그냥 지지해주고 기다려줘. 그게 우리가 할 일이야. 욕심을 버려야 모두가 행복해져."

물론 나도, 한때 아들 성적이 좋았기에 아쉬운 마음은 있다. 하지만 '기대+실망=화'라는 연산이 가족관계에 미치는 영향을 안다. 기대라는 탈을 쓴 욕심의 종말은 서로를 향한 증오임을….

수능 날, 아이가 시험을 치르는 학교 앞에서 기다렸다. 예정보다 한 시간 늦게 아이들이 나오기 시작한다. 벌써 어두 컴컴해지고 아이들이 한꺼번에 쏟아져 나오지만 나는 멀리서도 '나의 북극곰'을 단번에 찾아낸다. 나를 발견한 아들의 첫마디는 주옥같다.

"엄마, 고기 먹으러 가자. 아, 그리고 도시락 너무 맛있었
어요. 감사해요."

"시험 전에는 체력 보강해야 한다고 고기 먹고, 시험 끝
나면 끝났다고 고기 먹고, 고기가 뭘 그렇게 너한테 잘
못했냐?"

아들은 그저 헤헤거린다. 저녁을 먹고 나니 북극곰들이
기다리고 있다. 서로 보자마자 자기네 직장에 자기 밑으로
들어오라고 시끌벅적 난리이다. 인생의 쓴맛을 보여주겠단
다. 네 주제에 무슨 대학이냐고 말하는 아이들이 오히려 정
겨워서 웃었다. 젊은 수컷들의 우정 어린 말들.

나를 뒤로한 채 사라지는 아들이, 또 이런 날 아들이 외롭
지 않게 기다려준 북극곰들이 고맙고 사랑스럽다.

_삼수생 아들 바라보는 엄마의 마음
17.12.21

세 번째 이야기 · 나이듦 ── 아직 끝나지 않았다

시스루룩에 노브라?
나이 들면 이런 건가요

"이거 얼마예요?"

"가격표 붙어있어요."

"죄송한데요, 제가 눈이 나빠서….."

옷가게 점원이 다가와 가격을 알려주며 "입어보실래요?"라고 묻는다.

언제부터인가 상표에 깨알 같은 글씨로 적힌 가격이 안 보인다. 스마트폰의 밝기를 조금만 어둡게 해도 글씨가 흐릿하다. 글씨 크기를 키우면 되겠지만 그러면 왠지 나이 듦을 인정하는 것 같아서 악착같이 작은 글씨를 눈에 불을 켜고 본다. 그것도 스마트폰과 내 눈과의 거리를 조절해가며 초점을 맞춰야 가능한 일.

어떤 날은 얼굴이 그런대로 봐줄 만하다가 한 달에 한 번 '그분'이 오시는 날에는 영락없이 눈 밑이 검어지고 피부는 푸석푸석, 잔주름은 자글자글하다.

어느 TV 프로그램에서 꿀이 피부에 좋다기에 얼굴에 잔뜩 발랐다가 머리카락까지 엉겨붙어 애를 먹었다. 생고등어를 눈 밑에 붙이면 다크서클이 빠진다는 말을 패션 잡지에서 보고 따라 했다가 비린내 때문에 온 식구의 원성을 사기도 했다. 다크서클이 좋아졌는지는 현미경으로 봐야 알 수 있을 것 같고, 호들갑 떠는 가족들을 향해 인상을 쓰고 있었더니 미간에 주름만 더 깊어진 것 같다.

피부과에도 가보았다. 친구 따라 강남 간다고, 셋이서 갔다. 친구들이 상담받을 때 난 그냥 옆에 앉아만 있었다.

의사는 친구 얼굴을 이리저리 살펴보더니 몇 가지 시술을 한꺼번에 받는 패키지를 권했다. 보톡스와 물광주사를 섞어 얼굴 전체에 주입하는 일명 '동안주사'와 레이저 시술, 피부마사지를 한꺼번에 받는 상품이란다.

얼굴에 광이 좔좔 흐른다는 말에 솔깃했다. 더군다나 셋이 같이하면 10% 할인을 해준단다. 여배우들은 다 맞는다는 말도 덧붙였다. 할인이라는 말에 친구들이 눈빛으로 내게 무언의 압박을 보냈다.

한 달 동안은 '광'까지는 아니지만 살짝 얼굴색이 좋았던 것 같다. 하지만 발가락이 저절로 오그라드는, 전기고문에 가까운 레이저 시술과 바늘지옥에서나 경험할 것 같은 얼굴 전체에 촘촘히 놓는 주사는 두 번 다시 경험하고 싶지 않다. 50만 원 투자해서 그 고통을 견뎠지만 그것에 비해 효과 기간은 너무 짧았다.

그래도 귀는 잘 들린다. 문제는 말귀를 잘 못 알아듣는 것이다. 다행히도 친구들도 다 고만고만해서, 선문답처럼 서로 알아듣고 각자 해석해 대화가 이루어진다. 마치 서로 다른 언어로 이야기하는 외국인들이 그럼에도 말이 통하는 경지랄까?

나중에야 서로의 의도를 파악하고는 "아~" 하고 탄성을 지른다. 가끔은 바보들끼리 이야기하는 것 같아 웃음이 난다.

〈메멘토〉라는 영화에서 주인공은 단기 기억상실에 걸려 자신의 기억을 문신과 사진, 메모로 남긴다. 요즘 내게도 절실한 것들이다.

리모컨을 들고 리모컨을 찾으러 다니는 것은 예사이다.

외출할 일이 있어서 차를 몰고 나갔다가, 그냥 집으로 돌아온 적도 있다. 가는 중간에 어디 가는지 깜빡하고 습관처럼 집으로 돌아온 것이다.

공연을 같이 보러 가기로 한 내 친구는 지난여름, 다급히 전화해서 브래지어를 깜빡하고 안 입고 나왔다며 아직 출발 안 했으면 하나 챙겨 나오라고 내게 부탁했다.

속이 살짝 비치는 실켓 블라우스에 노브라라니! 항상 나보다 한 발 더 나가서 내 실수를 묻히게 하는 좋은 친구이다.

개그에서나 나오는 일들이 일상이 되었다. 친구들을 만나 이런 이야기를 하면 너도나도 더 센 스토리가 줄줄 나온다.

청춘이 가고.. 자유가 왔다

어느덧 사십 대 후반. 청춘은 지나가고 그 끝자락에서 마지막 남은 한 조각을 손가락에 쥐가 나도록 붙잡고 있다. 백세 시대임을 감안하면 아직 오십 세 안쪽이니 전반전이 끝나지 않았다고 말할 수도 있다.

하지만 인생의 마지막 몇 년을 요양원에서 보낼 걸 생각하면 아무리 '내 나이가 어때서'를 부르짖어 보아도 찬란한 청춘이란 게 아득해지곤 한다.

나이의 앞자리가 3으로 바뀔 때의 상실감과 4로 바뀔 때의 좌절감을 잊지 못한다. 이제 세상 다 산 늙은이가 된 것 같아서 누군가 나이를 물어보면 잘못한 것도 없는데 괜히 부끄럽다는 생각이 들었다. 옷도 더 캐주얼하게 입고 머리도 최신 스타일을 따랐다. "어머 사십 대로 안 보여요."라는 말을 듣는 게 좋았고, 그러고 싶어 애를 썼다.

하지만 고려 시대 우탁이 쓴 〈탄로가〉의 "백발이 제 먼저 알고 지름길로 오더라."라는 마지막 구절처럼, 지름길로 달려오는 나이를 어쩔 수 없다.

다행스럽게도, 청춘이 가니 자유가 왔다. 이십 대에는 직장생활 하느라, 삼십 대에는 아이 둘을 키우며 일하느라, 사십 대 중반까지도 아내로, 엄마로, 며느리로, 딸로 사느라 정신없이 보냈다. 물론 지금도 그렇게 살고 있지만 어느 순간부터 팽팽하기만 하던 삶의 장력이 느슨해졌다.

아이들은 스무 살 전후가 되었고, 나도 더 이상 직장에 다니지 않으니 내 시간이 많아졌다. 관심 있던 수업에 참여하고 공연을 보며 가족 아닌 친구들과 여행도 다닌다. 청춘과 자유를 맞바꾼 것 같다.

고진감래라더니 지금 내게 주어진 이 황금 같은 시간이 너무 좋다. 아직은 무릎이 아프지 않아 맘껏 다닐 수 있고, 조금은 경제적 여유가 생겨서 하고 싶은 것 할 수 있고, 먹고 싶은 것 먹을 수 있다.

어린 시절에는 동네에서 "오십 대 전후의 누군가가 돌아가셨다."는 말을 들으면 '죽어도 여한이 없는 나이'라고 생각했었다. 내게는 절대 오지 않을 그런 나이랄까.

그런데 그런 나이가 되고 보니 얼굴에 주름이 자글자글해도, 눈이 좀 침침해도, 자꾸 뭘 까먹어도 청춘이 한창일 때보다 지금이 훨씬 좋다.

나이 듦을 받아들인다는 것은 어떤 의미일까? 주름진 얼굴을 자연스럽게 생각해서 손대지 않고, 젊은 사람들이 모이는 장소엔 물 흐리지 않도록 가지 않으며, 나이에 맞는 옷을 입고, 오십 넘어 미니스커트가 롱스커트로 바뀌고, 등산복이 일상복이 되는 것만을 의미하진 않을 것이다. 나이 듦을 받아들인다는 것은 아마도 무리하지 않는다는 게 아닐까? 다른 사람에게도, 나 자신에게도.

단풍은 영양분이 많을수록, 일교차가 클수록 더 선명하게

색이 물든다고 한다. 나 또한 건강, 가족, 취미, 친구, 경제력 등을 영양분 삼아, 앞으로 수없이 다가올 일교차 큰 삶을 의연히 견뎌내 마침내 단풍처럼 아름답게 물들고 싶다.

_50만 원짜리 주사 맞아도 청춘은 돌아오지 않지만,
그래도 지금이 더 좋은 이유
17.11.11

중년 남녀의 '카톡 프사'
그 결정적 차이

　　　　인터넷 채팅으로 9개월을 보낸 남녀가 드디어 만났다. 남자는 2,600킬로미터를 날아가 꿈에도 그리던 여자를 만났는데 경찰에 체포되고 말았다. 이유인즉, 그녀의 얼굴이 프로필 사진과 달라도 너무 달라 격분한 나머지 그녀를 폭행한 것이었다. 중국에서 일어난 이야기이다.

　뉴스에 나온 사진을 보니 동일 인물로는 도저히 보이지 않는다. 그렇다고 때리다니. 비행기 삯이 아까워서였을까? 그렇대도 어쨌든, 채팅을 하던 장장 9개월 동안 그녀의 내면은 보이지 않았나 보다.

십 대에서 오십 대까지 '프사' 특징 총정리

여자들의 '프사^{프로필 사진}'를 보면 나이별 특징이 뚜렷하다.
십 대들은 손가락으로 '브이∨' 자를 만들어 얼굴 부위 어디
쯤 대고 입을 오리주둥이처럼 쭈욱 내밀고 있다. 귀엽다. 이
십 대는 예쁜 카페에 앉아 아이스 아메리카노를 앞에 두고
무심한 듯 핸드폰을 보고 있다. 알고 보면 설정 샷.

삼십 대는 주로 아기 사진이다. 사랑스럽게 아이를 바라
보는 사진 또는 가족사진^{역시 설정}. 사십 대부터는 두 부류로
나뉜다. 여전히 외모에 자신이 있는 사람은 자기 사진, 세월
을 온몸으로 맞은 사람은 이때부터 프사가 꽃으로 간다.

오십 대 이후는 주로 자연이다. 변화한 자신의 모습을 도
저히 남들에게 보여줄 수 없음이다. 이 언저리에 있는 나도
요즘 친구들과 단체 사진을 찍으면 무섭다. 다들 얼굴 반은
가리는 커다란 선글라스를 쓰고 있어서 곤충^{잠자리} 같다.

남자는 비교적 간단하다. 삼십 대까지 두 부류이다. 여자
친구 있는 사람은 여친 사진, 없는 사람은 예쁜 여자 사진. 얼
마 전 오십 대 남자의 프사에 장쯔이가 있는 것을 봤다. 그의
로망인가 보다. 다행이다. 아이유였다면 노망이었을 테니.

카사노바들은 여친이 있어도 절대 올리지 않는다. 다다익 선이 선인 부류이다. 이런 사람 조심!

오십 대 이상 남자는 대부분 프사가 없거나 대자연이다. 최근에 감명받은 글귀가 그 위에 있다. 남녀불문 기독교인 은 '하나님의 말씀'이, 개나 고양이와 함께 사는 사람은 애 완동물이 그들의 프사를 대신한다.

사진 좀 찍는 여자의 '프사' 노하우

나는 사진 좀 찍는 여자이다. 주변 친구들의 프로필 사진은 다 내 손끝에서 나온다. 몇 년 전, 사진 수업에 참가한 나는 교수님으로부터 "잘 찍는 것보다 어떻게 포토샵을 하느냐" 가 관건이라는 말을 들었다. 사진 같은 그림, 그림 같은 사 진처럼 장르 파괴가 이뤄진 지 오래여서 그렇단다.

그래서 나는 요새 대충 가로세로 줄만 맞춰서 찍은 다음 포토샵에 예술혼을 불태운다. 성형외과 의사가 수술을 집도 하는 마음으로 티 안 나게 하는 정교함이 관건이다.

얼마 전 친구가 모임에서 단체 사진을 찍었는데 그 사진 을 프사로 쓰고 싶다며 보정해달라고 보내왔다. 오십 대 여자들이 카페에 앉아있다. 관리들을 잘 했는지 미모가 상당하다. 문제는 눈가 주름과 피부 늘어짐. 나름대로 열심히 펴고 지우고 락스물에 담갔다 뺀 것처럼 하얗게 표백해서 보냈다. 그랬더니 원판보다는 훨씬 좋으나 눈가 주름이 아직 남았단다.

참 양심도 없다. 오십 대를 사십 대 초반처럼 보이게 해주면 됐지 이십 대로 만들어달라니. 그들의 딸들처럼 보이게 보정해서 다시 보냈더니 좋다고 난리이다.

어떤 친구는 키가 150센티인데 174센티로 만들어달라고 한다. 무작정 늘리는 것보다 애초에 핸드폰으로 찍을 때 각도가 중요하다. 바닥 쪽은 조금, 하늘 쪽이 많이 나오게. 그리고 피사체의 위치를 발끝이 바닥에서 0.5센티 정도 위에 나오게 각도를 맞춘다. 찍는 사람은 들고 있는 핸드폰 위쪽을 자기 몸쪽으로 30도 정도 기울여 찍는 게 포인트이다. 이렇게 찍어야 키가 10센티는 더 크게 나오며, 무작정 다리만 늘리는 것보다 균형미가 있다.

눈도 너무 키우면 예쁘기는커녕 무섭다. 얼굴형도 지나치게 깎아버리면 얼굴이 찌그러진다. 자신의 고유성을 잃지 않은 선에서 적당히 합시다! 나도 재능 기부 차원에서 하긴 하지만 요구가 과할 땐 힘들다.

프사는 단순한 프로필 사진이 아니다

비혼인 친구가 연애를 시작했다. 백만 년 만에 찾아온 사랑이라 모든 게 새롭고 낯설다. 마흔아홉 살의 연애도 열아홉 살의 연애와 다를 바가 없다. 만난 지 5개월이 되자 슬슬 갈등이 생긴다. 크게 다툰 것도 아닌데 하루이틀 연락이 없는 게 발단이 되어 이게 신경전으로 발전한다. 내가 먼저 연락하는 건 왠지 자존심 상하고, 기다리자니 속 터지고.

친구는 이러다 이별이 올 것 같다며 눈물을 보인다. 이별은 생각만 해도 치가 떨리고 서로 너덜너덜해져야 비로소 가능한 것. 이렇게 생각만으로도 가슴이 아프고 찡하다면 이별은 아직 멀리 있다. 그 사람도 분명 연락을 할까 말까 고민 중일 것이다. 그러니 뭔가 의미심장한 글을 프사로 올려보라고 내 얕은 지식으로 조언했다.

구구절절 사랑과 이별의 통찰이 기가 막힌 뜻밖의 대중가요가 있었으니 '사랑만은 않겠어요.'

"이렇게도 사랑이 괴로울 줄 알았다면 차라리 당신만을

만나지나 말 것을. 이제 와서 후회해도 소용없는 일이지
만 그 시절 그 추억이 또다시 온다 해도 사랑만은 않겠
어요."

친구는 그 가사를 캡처해 프사로 올렸다. 우리는 웃느라
눈물을 또 흘렸다. 이래도 울고 저래도 울고, 장마라서 하늘
도 운다. 프로파일러도 울고 갈 고도의 심리전. 프사는 단순
한 프로필 사진이 아니다.

인간관계에도 생로병사가 있나 보다. 오랫동안 자석처럼
붙어 지내던 친구와 사소한 오해들이 쌓여 병이 들더니 연
락이 끊어졌다. 벌써 우리 사이에 2년도 넘는 시간이 지나
고 있었다. 여행도 많이 다니고 배우는 것도 많아서 늘 여기
저기 다니느라 바쁜 친구였다.

비가 내리는 밤, 센티멘탈해진 나는 뒹굴뒹굴하며 핸드
폰을 만지작거리다가 우연히 그녀의 프사를 보았다. 아이들
사진을 몇 장 넘기자 우리가 같이 찍었던 사진이 있었다. 뭔
가 가슴이 뭉클했다. 생각해보면 이유도 생각나지 않고 그
저 기분이 나빴던 기억만 덩그러니 있을 뿐인데, 십 년을 같
이한 친구를 잃어버린 상실감이 새삼스레 다가왔다. 슬픔이
었다.

몇 번을 망설이다가 그녀에게 톡을 보냈다. 이런저런 이야기 끝에 서로 맘이 편해지면 얼굴을 보기로 하고 대화는 끝이 났다. 우리가 같이 찍었던 그 사진 한 장은 그녀에 대한 나쁜 감정을 다 지워버릴 만큼 힘이 셌다. 그건 그녀가 아직도 '우리'를 생각하고 있다는 증거였으니까.

이후로도 우리는 만나지 않았다. 다만 그녀를 생각하는 내 마음이 바뀌었다.

어제 또 다른 친구가 집에 찾아왔다. 얼굴이 상기된 그녀는 "아휴! 진짜 인간관계도 유통기한이 있나 봐."라며 15년을 잘 지내온 친구가 요즘 사사건건 딴죽을 건다며 잔뜩 화가 났다. 막 화를 내고 서운한 감정을 쏟아내던 친구는 갑자기 이렇게 말했다.

"내가 그런다고 걔랑 연락 끊고 그럴 맘은 1도 없어. 지금은 너무 화가 나서 이렇지만 그동안 함께한 좋은 시간들이 있는데.. 그리고 장점이 많은 아이야. 술 한잔하자고 전화해서 풀긴 풀 건데 속이 상해서 말한 것뿐이야."

뒤통수가 띵했다. 아, 나는 친구라고 참기만 하느라 누구에게도 털어놓지 못해 맘의 병이 깊어지고 결국에는 관계가 끊어졌구나.

친구를 뒤에서 욕한다는 것은 내게 있을 수 없는 일이다. 그건 누워서 침 뱉기라 생각했다. 그래서 서운한 일이 있어도 쌓아두기만 했다. 그런데 이런 문제는 좀처럼 잊히는 게 아니라서 문제가 생길 때마다 점점 쌓여만 갔다. 털어버리는 법을 몰랐다. 털어버리면 한결 마음이 가벼워져서 다시 관계가 회복될 시간과 감정의 여유가 생길 수 있다는 걸 몰랐다. 그래서 매번 이별했다.

이런저런 이야기 끝에 며칠 전 내가 찍어준 사진이 잘 나왔는데 왜 프사를 바꾸지 않느냐고 물었다. 친구는 "요새 걔랑 서로 맘이 불편한데 나만 놀러 다니면서 예쁜 사진 올려놓으면 걔가 속상할 수 있잖아. 나중에 걔랑 풀고 올릴 거야."라고 했다.

이 세심함. 나는 진짜 좋은 친구를 가졌구나! 친구는 나더러 혹시 우리 관계도 언젠가 수명을 다하는 때가 오더라도 서로를 향한 기본적인 마음만은 잊지 말자고 한다. 이런 다짐은 주로 연인들이나 하는 건데. 중년의 아줌마 둘이.

친구가 돌아간 후 베란다에 요가 매트를 깔고 앉아 창밖을 보았다. 해가 지고 있었다. 한참 멍 때리다가 핸드폰을 들어 그동안 소원해진 친구들의 프사를 들여다보았다. 영원

할 것 같던 시간들을 함께 보내고 이제는 연락조차 뜸한 남이 되어버린 인연들.

유한한 인생에서 무한한 관계를 기대한 것 자체가 모순일지도 모른다. 언젠가는 끝이 있다는 걸 시시각각 인지한다면 아웅다웅하는 마음이 좀 잦아질까? 스쳐간 인연들을 클릭하다가 한곳에 눈이 머문다. 한때는 소울 메이트라고 생각했던 친구인데 어쩌다 끊어진 친구. 배경 사진에 내가 그린 그림이 있다. 이걸 여태 걸어두다니!

게을러서 안 바꾸는 친구는 아닌데. 흔적을 가지고 있다는 건 내가 아직 잊힌 존재는 아니라고 말하는 것 같다.

문득 어제 본 영화 제목이 떠오른다 영화 내용과는 무관.

〈아직 끝나지 않았다〉

_고도의 심리전, 카톡 프사는 그냥 사진이 아니다
18.07.10

"나이 들어 어떻게 이런 걸"
이런 말 믿지 마세요

글 쓰는 친구 A와 '현대문학의 흐름'이라는 수업을 들으러 서내문구에 있는 학습관을 다녔다. 오후 수업이라 서대문역에서 만나 근처 맛집에서 점심을 먹고 학습관으로 슬슬 걸어 올라가며 한 주 동안 있었던 일들을 나누곤 했다.

마르고 민얼굴에 치장 없이 단정한 A는 그래서인지 나이를 가늠하기 힘든 앳된 얼굴이다. 그런데 그날따라 환하게 웃는 그의 표정에 왠지 모를 그림자가 있다. 눈치를 보는데 그가 말을 시작했다.

A는 얼마 전 시사 잡지의 의뢰를 받아 탈북 여성들을 대상으로 우리나라로 귀화하는 과정을 인터뷰했단다. 나도 최

근 관련된 다큐멘터리를 본 터라 그 가슴 아픈 실상을 알고 있었다. 나는 A가 그 여성들의 고난을 듣고 우울한 줄 알고 입에 거품을 물며 그들을 이용하고 농락한 사람들을 욕했다. A는 조용히 고개를 끄덕였다. 그런데 A를 충격에 빠트린 이유는 따로 있었다.

민얼굴에도 빛나던 친구

여덟 시간의 긴 인터뷰를 마치고 나니 저녁이 되었고 인터뷰에 응한 여성의 남편이 같이 식사하자며 그 자리에 나왔다. 그는 A와 자기 아내를 번갈아 보더니 누가 탈북 여성인지 모르겠다고 했다. 무슨 말인지 어리둥절하던 A는 한참 후에야 무슨 의미인지 알았다.

질끈 묶은 머리에 헐렁한 티셔츠, 낡은 점퍼를 입은 A와 달리 화사하게 치장한 그녀는 예뻤다. 순간 얼굴이 화끈했다. 탈북한 여성보다 남한에 사는 여자가 더 이쁘고 세련되었다고 생각하는 것은 편견일 수 있지만, 집으로 돌아오는 길, 지하철 유리창에 스치는 자신의 모습을 보며 달라지고 싶은 생각이 들었다.

나는 지하철 유리창이 문제라고 생각한다. 조명이 위에서 아래로 침침하게 떨어지니 얼굴에 있는 굴곡마다 그림자가 뚝뚝 떨어져서 세상 못난이로 보이기 때문이다. 어두운 벽을 지날 때마다 유리창에 비치는 얼굴은 안 그래도 피곤한데 기분까지 망쳐놓는 주범이다. 동대문 쇼핑몰에 있는 거울 같은, 소위 '매직거울'이라 부르는 거울을 붙여놓으면 안 되나?

나는 A와 자주 얼굴을 보는 사이라 익숙해서 그런지 한 번도 그녀의 모습을 초라하다고 생각한 적이 없다. 외려 연예인도 아닌데 집 앞 슈퍼에 갈 때조차 무심한 듯 신경 쓴 '데일리 룩'을 챙기느라 피곤한 나보다 자유로워 보이는 그녀가 내심 부럽기도 했다.

나는 꾸밈 노동이 익숙하고 편안한 전형적인 '오페오빠가 허락한 페미니스트'이다. 반 발짝 앞으로 나갈 때마다 집안에 소란이 일지만, 가랑비에 젖는 것은 옷뿐만이 아니기에 계속 소란을 일으키는 중이다. 화려까지는 아니더라도 꾸미지 않고 다니는 게 꺼려진다. 안 그래도 올라오는 기미에, 늘어가는 주름에, 자신감이 산으로 가는 중인데 적당한 치장은 나를 지지해주는 느낌이 든다.

A는 내게 쇼핑을 제안했다. 이런 건 내 전문! 글 쓰는 일

을 하지 않았다면 나는 아마도 의상 코디나 스타일리스트를 했을 것 같다.

먼저 화장품 가게에 들러 기초부터 색조까지 모조리 샀다. 그리고 옷을 사러 갔다. 그는 자꾸 재활용 통에 있을 법한 옷들을 골랐다. 나는 진저리를 치며 화사한 색깔 옷을 골랐다. 그는 "아이고, 이런 걸 어떻게 입어요." 한다. 그런 소리 말고 스타일을 바꾸고 싶으면 이런 걸 입으라고 강제 구매를 시켰다.

그런데 문제는 윗옷을 사면 같이 입을 아래옷을 사야 하고 또 그것에 맞는 신발이 필요하다는 것. 수년 동안 쇼핑을 하지 않아서 사야 하는 게 많다. 하긴 쇼핑을 자주 해도 장롱에는 쓰레기만 가득하다. 분명 옷이라고 샀는데 장롱에 들어가 며칠이 지나는 순간 쓰레기가 된다. 그러니 항시 입을 옷이 없다. 이래저래 한 보따리를 사서 우린 각자 집으로 돌아갔다. A의 표정이 한껏 밝아졌다.

진짜 패션 테러리스트는 따로 있다. 25년 전 함께 살았던 친구 B인데 뭐든 창조적이다. 그때 가끔 집에서 밥을 해 먹었는데 B는 된장찌개에 미역을 넣었다. 된장국에 잘게 썬 미역이 조금 들어있는 미소된장국 말고 보글보글 된장찌개에 말이다. 비주얼만큼 맛도 형편없는데 버리기 아깝다고 다 먹으라고 한다. 나는 입맛이 없다며 슬그머니 숟가락을 내려놓았고 결국 B가 혼자 다 먹어 치웠다. 식비를 반반씩 냈건만 친구는 오동통 살이 오르고 나는 삐쩍 말랐다.

얼마 전 B를 포함해 대학 친구 네 명이 탱고 공연을 보러 갔다. 다들 일을 하는 친구들이라 오랜만에 얼굴을 보며 카페에 앉아 즐거운 대화를 이어갔다. 주말인데도 출근한 B가 마지막으로 나타났는데, 우리는 얼음이 되었다.

B는 무릎 위 10센티까지 올라온 원피스에 무릎까지 내려오는 속바지를 입었다. 속바지는 이름 그대로 속에 있어야 할 짧은 반바지인데 정체성을 잃었다. 문제는 속바지뿐만이 아니다. 색이 다 바래 얼룩덜룩한 원피스.

내 옆에 앉은 친구가 내 귀에 대고 속삭였다.

"쟤 뭐냐?"

참고로 B는 땅과 건물을 상속받아 우리 중 가장 재벌이다. 우린 약속이나 한 듯이 친구가 자리에 앉기도 전에 우르르 일어섰다. 그리고 카페 바로 옆 아웃렛 매장으로 B를 밀어 넣었다. 이월상품 80% 할인이었다. 3만 원이면 멀쩡한 옷들이 많았다. 적당한 옷을 골라 입혀보았다.

B는 자꾸 자기는 괜찮다고 했다. 나는 원피스 지퍼를 내려준다는 핑계로 탈의실에 따라 들어가 "B야, 너는 우리만 보니까 괜찮지, 우린 안 괜찮아. 그래서 그래." 그제야 B는 "아~~~" 하며 웃는다.

B에게 평범한 패션 감각을 주지 않았다면 눈치라도 좀 주시지 하느님도 너무하신다.

친구들과 여행할 때 이벤트 옷을 챙기는 이유

쇼핑을 좋아하는 나는 친구들과 여행 갈 일이 생기면 꼭 이벤트 옷을 준비한다. 여행만으로도 즐거운 일이지만 평소 입을 엄두도 내지 않던 스타일의 옷을 입고 사진을 찍는 재미가 생각보다 크기 때문이다.

친구들 반응은 대체로 일단 동공이 확장된다. 그리고는 웃음을 터트린다. "이런 걸 어떻게 입어."라는 말이 끝나기도 전에 벌써 입고 거울을 본다.

낯선 장소에서 낯선 옷을 입는다는 것은 나를 또 다른 곳에 데려다 놓는 일이다. '옷 하나로 뭐 그렇게까지' 싶지만 내 속에 잠들어 있던 또 다른 나를 깨우고 만나는 일이 되기도 한다.

나는 관찰자의 시선으로 그런 모습을 보고 사진으로 남기는 것을 좋아한다. 행복한 사람의 얼굴을 보고 기록하는 것만큼 즐거운 일이 없다.

상황에 맞는 옷은 있지만, 나이에 맞는 옷이 뭔지 모르겠다. 유럽 여행을 가면 덩치 큰 할머니들도 민소매 꽃무늬 원피스를 입거나 청바지에 샌들을 신는 모습을 흔하게 본다. 자연스럽고 너무 보기 좋다. 나잇값을 못 한다느니 주책이라느니 그런 시선은 없다.

나도 그렇게 나이 들고 싶다. 여든 살이 되어도 여전히 나는 하늘거리는 원피스를 입고 싶고, 하이웨이스트 청바지가 입고 싶을 테니 말이다.

며칠 후, 나는 친구와 진주에 갈 예정이다. 내 목적은 새롭게 쓰고 있는 작품 구상 이라고 쓰고 농땡이라고 읽는다이고, 내 친구는 강연이 잡혀 있다. 나는 맘속으로 그 친구에게 입힐 빨간 드레스를 생각하고 있다. 지적이고 점잖은 그의 동공이 확대되며 말하는 소리가 벌써 들리는 듯하다.

"어머 이게 뭐야? 깔깔깔, 이거 나한테 어울려?"

나는 대답한다.

"응 암만, 어울리고말고."

누구나 귀여운 옷을 입으면 귀여워지고 점잖은 옷을 입으면 점잖아진다. 그 빨간 드레스가 그에게 숨겨져 있던 어떤 얼굴을 가져다줄지 벌써 기대가 된다.

_내 안의 나를 깨우는 패션
19.06.09

기승전 갱년기..
나는 열 시간을 울었다

근처에 사는 대학 친구들 모임이 있다. 학교 다닐 때는 친한 사이가 아니었지만 가까이 사는 것이 인연이 되어 15년 가까이 서로의 근황과 켜켜이 마주치는 삶의 무거운 조각들을 나누고 있다. 점심때 식당에서 만나기로 했는데 아침 아홉 시에 친구 A가 집으로 찾아왔다. 밤새 이것저것 쓰느라 잠을 설친 나는 수면바지 차림으로 문을 열어주고는 눈곱을 붙인 채로 커피를 내렸다.

[아침] 인연 끊고 살다 다시 만난 딸 때문에 울다

직장에 다니는 A가 오전 반차를 쓰고 이 시간에 나를 찾아온 것은 필시 무슨 일이 있다는 뜻이다. 나는 A가 고민을 다 쏟아놓을 때까지 기다렸다. 대체로 이미 스스로 답을 알거나 말하는 중에 답을 찾는 경우가 많기 때문이다. 커피잔이 비어갈수록 한숨과 함께 밀려나온 고민들이 테이블 위에 가득 쌓여갔다.

일찍 품을 떠나 살림을 차린 딸 이야기였다. 애지중지 키운 딸이 가족을 버리고 집을 나가더니 스무 살에 엄마가 되었다. 동갑내기 아기 아빠와 아기 엄마는 '사고 치고 집을 나와 각자 가족을 등진 죄'로 양가 누구의 도움도 받지 못하고 살고 있다.

A는 부모와 가족을 버리고 간 딸이 용서되지 않는다. 그래서 인연을 끊고 살았다. 다시 딸을 만난 건 최근이다. 딸이 먼저 연락해왔고 딸을 만나러 나간 자리에 인형 같은 아이가 같이 앉아있었다. 아이는 네 살이었다.

얼마 전 처음, 딸이 살고 있는 원룸을 방문했다. 일곱 평방에 세 명이 사는 그곳은 발 디딜 틈이 없었다. 젊은 부부는 투잡, 쓰리잡 알바를 해보지만 형편이 나아질 기미는 없었고 갈수록 지쳐가고 있었다. 기댈 곳도 마음 붙일 곳도 없는 이들에게 퇴로는 없다.

딸을 만나고 온 친구의 마음은 다시 지옥이 되었다. "네 선택이니 네가 책임져."라는 복수심(?)과, 딸에 대한 안타까움 사이에서 길을 잃었다. 아기를 키우느라 청춘을 저당 잡힌 딸이 아깝고 밉고 원망스럽고 아프다. 친구는 눈물을 한 바가지 흘렸고 나는 커피를 한 바가지 마셨다. 휴지를 A 옆으로 밀며 말했다.

"조금 빠른 것뿐이잖아. 빨라서 좋은 점도 있을 거야."

울고 난 친구가 화장을 고치는 동안 나는 양치와 세수를 했다. 씻고 나오니 A는 격한 감정이 다소 가라앉아 있었다.

"그래, 조금 빠른 것뿐인데 왜 나는 용서가 안 되는 걸까?"

나는 A에게 위로가 됐으면 하는 마음으로 《당신이 옳다》 정혜신 저라는 책을 그의 가방에 넣어주었다.

[점심] 커밍아웃한 딸을 응원해주지 못해 울다

점심시간이 되었고 나와 친구 A는 약속한 식당으로 나갔다. 친구 B와 C가 기다리고 있었다. 음식이 하도 매워서 코로 들어가는지 입으로 들어가는지 몰랐다. 정신을 차려보니 접시는 텅 비어있었고 친구 A는 언제 울었냐는 듯 콜라를 벌컵벌컥 마시고 있었다. 역시 매운 주꾸미는 힐링 푸드.

카페로 자리를 옮겼다. 이번에는 친구 B가 입을 열었다. 커밍아웃한 딸의 이야기이다. 지난달 나는 이 문제로 힘들어하는 친구 B에게 《딸에 대하여》김혜진 저라는 책을 선물했다. 책을 다 읽은 친구가 많은 도움이 되었다고 내게 연락했고, 우리는 한참 톡을 주고받았다.

딸의 커밍아웃은 이제 어느 정도 받아들였지만 눈앞에서 딸이 애인과 함께 있는 모습은 여전히 보기가 힘들다고 했다. 큰딸이 남친과 인사 왔을 때는 예쁜 사랑 하라고 응원해 줬는데, 커밍아웃한 둘째 딸에게는 도저히 예쁜 사랑 하라는 말이 안 나온다고 했다. 나는 B의 등을 문지르며 "딸을 이해하려고 책도 읽고 영화도 보며 노력하는 아주 좋은 엄마야."라고 말했다. 그리고 더 좋은 엄마가 될 거라며 치즈 케이크를 듬뿍 찍어 친구 입에 넣어주었다. 친구는 엉겁결에 받아먹으며 "너 때문에 더 살찐다."고 난리이다.

[저녁] 초라한 중년의 여자가 된 친구와 나

친구 A는 일하러 가고 친구 B는 수업이 있다고 갔다. 나는 친구 C와 집에 왔다. 친구 C와는 대학 졸업 후 2년 동안 동거한 각별한 사이이다. 나는 지금 4년째 병원 치료를 받고 있는 스물세 살 큰아들과 재수를 시작한 작은아들을 돌보고 있다. 이런 내 하소연에 C도 가슴속에 박혀있는 돌덩이를 꺼내놓으며 꺼이꺼이 울었다. 오늘은 무슨 '날'인가 보다. 우는 날. 나는 친구가 많이 울어서 진이 빠질까 봐 틈틈이 한라봉을 까서 친구 입에 밀어 넣었다.

기, 승, 전 갱년기인가? 마음이 아팠다. 친구가 눈물을 닦자 시계를 보니 일곱 시가 넘고 있었다. C는 서둘러 외투를 입었다. 지하철역까지 데려다주는 차 안에서 C는 내게 "언제가 가장 눈부신 때였냐?"고 물었다. 나는 "지금"이라고 답했다.

"그렇구나."라고 말하는 C의 목소리가 쓸쓸했다. 나는 지금 노안 때문에 눈이 아주 시고 부셔서 못 살겠다고 했다. C는 빵 터졌다. 내친김에 나는 비장하게 말했다.

"이제부터 상담료 받을 거야."

친구는 빙그레 웃으며 상담료라며 캐러멜 하나를 차에 두고 내렸다. 캐러멜을 까서 입에 넣었다. 진하고 달고 슬프고 아팠다. 오늘 하루 같았고 살아온 인생 같았다.

C를 내려주고 출발하는데 신호 대기에 걸려 횡단보도 앞에 멈췄다. C도 횡단보도 앞에 섰다. 차창 밖으로 보이는 친구의 모습이 낯설다. 풋풋한 스무 살에 만나 오십이 된 친구는 어느새 초라한 중년의 여자가 되어있다. 순간 울컥했다. 여태 잘 참았는데.

나는 창문을 내렸다. C는 허리를 숙여 나를 보았다. 우린 3초간 눈빛을 교환했다. 눈물이 그렁그렁한 채로 염화미소 같은 미소를 주고받았다. 신호가 바뀌고 나는 창을 올리고 출발했다.

집에 돌아오니 기진맥진했다. 열 시간을 웃어도 시원찮을 판에 열 시간을 울었다.

모두가 자신이 주인공인 드라마를 살고 있다. 드라마는 갈등이다. 그러니 드라마가 끝날 때까지 갈등은 끝도 없이 이어진다. 이것만 해결되면 금세라도 올 것 같은 눈이 부시게 아름다운 시절이란 애초에 없었다. 그 순간은 비 온 뒤 잠시 나타났다가 사라지는 무지개처럼 때때로 찰나로 왔다가 사라졌다. 가슴속에 이고 지고 오느라 무거웠을 이야기들이 기어이 입 밖으로 나오고, 돌아가는 길에 흐린 미소가 지어지는 그 순간처럼 짧게. 그리고 다시 드라마 속으로.

몇 시간 후, C에게 고맙다는 톡이 왔다. 나는 감사의 표시로 '계좌이체만 한 게 없다'고 언질을 주었건만, 내 둔탱이 친구는 농담인 줄 알고 웃기만 했다.

봄이 오고 있다. 내가 주인공인 드라마 안에서 가족들과 밥을 먹고, 친구들과 차를 마시고, 내 일을 하는 그 사소한 시간이 내게 얼마나 눈이 부신 순간인지, 갈등조차도 그런 시간일 수 있음을 내가 꼭 기억하길, 내 드라마가 끝나는 그 순간까지.

_우리는 모두 드라마 속 주인공
19.05.02

"이쁜 애기가 왔네~"
첫 만남에 건네진 수첩과 봉투

2015년 12월, 서울 남산 국악당에서 '평롱, 그 평안한 떨림'이라는 국악 공연을 보았다. 평롱이란 우리나라 전통 성악곡이라 할 수 있는 가곡의 한 종류로 높지도 낮지도 않은 평탄한 중간 소리로 시작하는 노래이다. 이 공연은 종묘제례악, 수제천, 아리랑, 판소리 등 유네스코 세계무형유산에 오른 우수한 한국 전통음악을 현대적으로 재해석한 고품격 국악 콘서트였다.

'국악' 하면 지루하거나 감각적이지 못하다는 편견이 있을 수 있는데 이 공연은 그 모든 편견을 넘어선다. 우선, 연주자들이 젊다. 연주가 활기차고 힘이 넘친다. 대금, 해금, 가야금 여러 악기가 있지만 내 영혼을 강탈한 건 사물놀이였다. 타악기가 인간의 심장을 뛰게 만든다더니 사실이다. 듣고 있자니 호흡이 가빠지고 뭔가 모를 열정으로 가슴이 뜨거워졌다.

마흔다섯 살 막내 총무

호기심 많고 즉각적인 나는 사물놀이 배울 만한 곳이 있는지 검색해보았다. 집 근처 문화원에서 수강생을 받고 있었다. 수강료는 한 달에 단돈 이만 원. 당장 접수했다.

수업 첫날, 문화원 강당에 도착하니 수강생은 달랑 다섯 명. 선생님과 수강생들이 일제히 동그란 눈으로 나를 쳐다본다. 내 얼굴에 뭐가 묻었나 생각하며 볼을 쓱쓱 문지르는데 그중 한 분이 "애기가 왔네, 이쁜 애기가." 했다. 박신양의 "애기야 가자." 이후로 처음 듣는 그 '애기.'

그러고 보니 수강생들의 연령이 높아 보이긴 했다. 사물 가르치시는 선생님과 세무사 사무실에 다니는 수강생 언니는 오십 대 중반, 다른 네 분은 칠십 대 전후이다. 전원 여자, 분위기는 알록달록했다. 언니가 수첩과 봉투를 내밀며 말했다.

"이제부터 애기가 총무야."

뭘 믿고 처음 보는 내게 돈을 맡기나 싶어 어리둥절해 하며 봉투를 열어보니 이유를 알겠다. 봉투에는 남은 회비 1만 2,800원이 들어있었다. 이렇게 나는 마흔다섯 살에 사물놀이반 총무라는 막중한 임무를 맡은 '애기'가 되었다. 회비는 한 달에 오천 원. 그 돈으로 커피나 녹차를 사고 혹시라도 돈이 모이면 회식까지 한다.

고로 나는 커피나 녹차가 떨어지지 않게 사다 놓고 매달 초면 사채업자 같은 얼굴로 오천 원을 내라고 은근한 압박을 가해야 한다. 집에서도 가계부를 써본 적 없는 데다, 있으면 다 써버려야 속이 시원하고, 어디다 썼는지는 도무지 기억 못 하는 내가 십 원짜리까지 지출을 적고 수첩에 영수증을 첨부해야 하는 총무라니 '미션이 파서블' 할는지 모르겠다.

내 영혼을 강탈한 사물놀이

사물은 장구, 징, 북, 꽹과리로 구성되는데 장구부터 배우는 게 순서이다. 문화원에는 모든 악기가 구비되어 있었다. 참으로 돈 안 드는 좋은 시스템.

장구, 그까이꺼 대충 두드리면 되는 줄 알았더니 천만의 말씀이다. 오른손, 왼손이 동시에 움직이기도 하고 따로 움직이기도 해야 하는 고난도 기술에 순발력과 리듬감마저 필요하다. 게다가 악보를 다 외워야 한다. 사물은 합주 형태이기 때문에 서로의 악보를 다 외우지 않으면 연주할 수 없다. '어리디 어린 사람(?)'이라 금방 따라 할 거라 말씀하시는데 불행히도 나는 그렇게 어리지 않다.

네 분의 어르신 수강생분들은 친구 사이이다. 장구를 시작한 지 1년 정도 되었고 언니는 3년이 되었다. 나는 맨 뒤에 앉아 선생님을 마주한 채, 다른 수강생들의 뒤통수를 보며 장구를 친다. 재미있는 건 어르신 네 분이 모두 같은 미용실을 다니는지 헤어스타일이 똑같다는 것. 딸이 있는 할머니는 머리 스타일이 고데기로 만 것처럼 우아한데, 아들만 있는 할머니는 뽀글뽀글 부시맨 파마라더니 모두 아들만 두신 것 같다. 죄송하게도 너무 귀여우시다.

본인의 연주가 틀렸을 때 어르신들의 반응은 다 다르다. 1번분. 화를 낸다.

"아이구, 지겨워. 왜 자꾸 틀리는 거여."

2번분. 크게 웃는다. 전원주 씨 웃음소리랑 똑같은 소리를 1분간 낸다. 3번분. 자책한다.

"늙으면 죽어야 해. 뭐 한다고 여기 와서 다른 사람까지 방해하고 있는지 몰라."

4번분. 사과한다.

"미안해서 어떡해. 나 땜에 또 멈췄네."

선생님^{충청도} 분의 반응은 한결같다.

"아이구, 괜찮아유. 대회 나갈 것도 아닌데 천천히 해유."

이런 공백은 십 분마다 발생하고, 그때마다 언니는 핸드폰을 확인하고 나는 최대한 해맑은 얼굴로 '애기 미소'를 보낸다.

'흥 시스터즈'가 되다

3개월이 지난 2016년 봄, 드디어 내가 진도를 따라잡았다. 맨 뒷자리에서 맨 앞자리로 자리를 옮겼다. 선생님은 꽹과리를, 언니는 북을, 나와 나머지 분들은 장구를 쳤다. 일주일에 한 번 수업이라 어르신들은 일주일 후면 백지상태로 리셋되어 천진한 얼굴로 나오신다. 나 보기가 민망하셨는지 운동 삼아

나온다는 말을 덧붙인다. 사실 팔 운동은 엄청 된다. 한 곡 신나게 두드리고 나면 가슴이 뻥 뚫리고 땀이 흠뻑 난다.

그해 여름 방학이 되자 근처 한양대 에리카 캠퍼스에서 학생들이 사물을 배우러 왔다. 동아리에서 웬만큼 치는 학생들이었는데 정확히 배우고 싶어서라고 했다. 청년 셋이 왔을 뿐인데 우리 팀은 앙상블에서 오케스트라가 된 듯 소리가 웅장해졌다. 학생들은 한시적으로 왔다 가므로 회비는 없다. 나는 수업 때마다 빵과 과자를 사비를 털어 함께 나누었다. 어린 학생들이 '우리 것'을 배우러 오는 게 신통해서. 내가 무슨 문화부 장관도 아닌데 참 오지랖도….

두 달 만에 학생들이 돌아가고 우리 팀은 원래의 소리를 찾았다. 든 자리는 몰라도 난 자리는 안다고 갑자기 학생들이 사라지자 스테레오 사운드는 온데간데없고 빈약한 모노 사운드만 덩그러니 남았다. 갑자기 초라함이 몰려왔다.

만날 때에 미리 떠날 것을 염려하고 경계하지 아니한 것은 아니지만, 이별은 뜻밖의 일이 되고 놀란 가슴은 새로운 슬픔에 터집니다.

_한용운, 〈님의 침묵〉

이 시는 그저 사랑하는 사람들만의 이야기는 아니었다. 모든 이별은 허전하다. 사랑했건 안 했건 상관없이.

민요가 전공인 사물놀이 선생님이 국악 뮤지컬에 출연했다. 뱃사람인 남편이 고기 잡으러 먼 바다로 나갔다가 풍랑을 만나 유명을 달리하고 남겨진 새댁 역할이다. 갓난아기를 등에 업고 남편을 그리는 '사모가'를 열창하는데 이 부분이 뮤지컬의 백미이다. 나와 세무사 언니는 꽃다발을 준비해서 공연이 열리는 세종문화회관으로 향했다.

공연은 1, 2부로 나뉘었다. 1부는 민요 대잔치, 2부는 국악 뮤지컬이다. 1부 공연이 시작되자 만석인 객석이 출렁거렸다. 경기민요는 귀에 익숙했다. 그래서인지 여기저기서 따라 부르는 소리가 들렸다. 대부분의 공연들은 엄숙히 듣기만 하는데 이 공연은 '록 페스티발'에 온 것처럼 자유롭다.

옆에 앉은 언니도 몸이 들썩거리더니 따라 부르기 시작한다. 나는 언니를 힐끗 보며 웃었다. 이게 응원이라 느꼈는지 언니는 점점 달아올랐다. 급기야는 무대 가수보다 목소리가 더 커졌다.

나는 슬며시 언니 무릎 위에 손을 올렸다. 진정시키고자 한 내 의도가 무색하게 언니는 내 손을 잡고는 어깨춤을 추기 시작했다. 손을 빼고 싶지만 이미 민요에 접신한 언니가 놔주질 않는다. 때문에 연결된 내 한쪽 어깨도 바람풍선 사람처럼 흐느적거리고 있었다. 그렇게 나는 뜻밖에 '홍 시스터즈'가 되었다.

2부가 시작되고 선생님이 무대에 올라 '사모가'를 열창했다. 얼마나 몰입해서 불렀는지 눈가에 눈물이 흘렀다. 나도 덩달아 뭉클해졌다. 공연이 끝나 선생님께 꽃다발을 드리며 "우리 선생님이 최고!"라고 호들갑을 떨었다. 진심이었다.

1년 후, 슬프게도 우리 사물놀이반은 인원수 미달로 폐강되었다. 네 분의 어르신들이 개인 사정으로 그만두신 때문이었다. 사물 수업을 하는 다른 곳을 기웃거렸으나 나는 첫 정을 잊지 못하고 적응이 힘들어 결국 그만두었다. 뭔가 새로운 것을 배우고 싶은데 아직 당기는 게 없다.

잊고 있던 우리 것.. 이번엔 판소리

지난 토요일, 친구와 함께 아는 뮤지션의 초대로 국립극장, '여우락 페스티발' 중 '먼 아리랑'이라는 퓨전 공연에 갔다. 가수 하림이 이끄는 블루카멜 앙상블과 국악이 만나 우리

민요와 근대가요를 파격적으로 만들었다. 웅장한 반주와 소리꾼 이나래가 토해내는 노래는 가슴을 후벼 파다 못해 안 그래도 작은 가슴을 아예 없어지게 만들었다. 특히 판소리 버전으로 '사의 찬미'를 부를 때는 사연 많은 비련의 여주인공인 양 눈물을 줄줄 쏟았다.

공연이 끝나고 코를 푸는 내게 친구는 "정말 재밌고 감동적이다. 판소리가 이렇게 매력적인 줄 몰랐네." 한다. 나는 결심했다. 판소리를 배워야지. 피가 다시 뜨거워지고 열정이 샘솟는다.

아, 우리 것은 진짜 좋은 것이여. 판소리 배우러 가즈아!

_ 마흔 중반에 배운 사물놀이 .. 열정에 다시 불붙다
18.07.28

이럴 줄은 몰랐지..
중년의 송년회

또 연말이다. 가족 모임, 동창회, 직장 회식, 친구들 모임 등 회식 천지이다. 평소에는 만나는 사람이 한정적이다가 연말이 되면 모두들 먹이를 찾아 산기슭을 어슬렁거리는 하이에나들처럼 외롭지 않을 구실을 찾아 모임 날짜를 잡는다.

12월, '회식천국, 혼밥지옥'의 시즌이 도래하면 친구가 별로 없는 나도 대세에 잠시 합류한다. 먹고 떠들고 웃는 사이, 나도 이 사회에 속해 같이 굴러가고 있다는 느낌이 소외감을 잠시 잠재운다.

바쁘다고 핑계 대며 집에 있는 남편

자영업을 하는 남편은 친구가 별로 없다. 날마다 대학 동창이나 각종 모임에서 참석을 요구하는 연락을 받긴 한다. 근데 집돌이 남편은 엄청 바쁜 척하며 스케줄이 겹쳐서 못 간다는 변명만 하고 집에서 노트북과 노트를 끼고 있다feat, 형광펜 3종 세트.

아인슈타인과 박문호 박사《뇌과학의 모든 것》 저자. 요즘은 이 둘이 남편의 유일한 친구이다. 책과 인터넷으로만 만날 수 있는 친구들. 끼리끼리 논다고 이 두 친구들 역시 연말 모임 따위에는 관심이 없다. 이 셋은 연중무휴 365일 연구 중인데, 대체 뭘 연구하는지는 모르겠다.

두 아들도 이제 스무 살이 넘어 다들 뭔가로 바쁘다. 나도 그렇다. 근데 이 문제적 인간만이 집에 남아 어두운 거실을 밝히고 있다. 그래서 나는 밥을 해놓고 나가야 하는 신세가 되고 그는 연말 동안 내내 삐쳐있는 신세가 된다. 아니, 자기가 원해서 집에 있으면서 대체 왜 삐치는 걸까?

"내가 나가서 맨날 술을 마시길 해, 흥청망청 돈을 쓰길 해라는 말 좀 그만하시고, 제발 좀 나가서 술도 드시고 돈도 쓰세요."

이런 소박한 바람을 보내본다. 참고로 나도 그래 보고 싶은 1인이다. 그래도 혼자 덜 쓸쓸하라고 반짝반짝하는 트리를 만들어 거실에 놓았다. 나의 이 세심함이라니.

초점 안 맞는 사진에 웃는 친구들

지난주 동창회 연말 모임에 갔다. 어느 모임이든 단체 사진 하나는 필수인데 어찌 된 일인지 다들 사진 찍기에 시큰둥하다. 나이 오십, 늙은 얼굴을 굳이 확인하고 싶지 않단다. 다들 자기는 '사진빨'이 안 받는다고 말하지만 슬프게도 사진은 거짓말을 안 한다. 그리고는 초점이 안 맞아 흐릿하게 나온 사진을 보며 만족스러워했다. 현실을 직시하지 못하는 여린 영혼들.

20년은 젊게 나온다는 어플로 단체 사진을 찍었더니 더 가관이다. 눈은 이상하게 크고 피부는 지나치게 하얗고 얼굴이 엉망진창이다. 사진 속의 주름진 나를 받아들이는 연습부터 해봐야겠다. 있는 그대로의 나를 사랑하는 일. 2019년, 내 목표이다.

30여 명 모이다 보니 같은 식탁에 앉은 사람끼리 소그룹으로 이야기가 진행된다. 마주앉은 친구 A의 얼굴이 지난번과 달리 핼쑥해 보인다. 요즘엔 느닷없이 무슨 병에 걸렸다는 소릴 자주 듣기에 조심스러워서 묻지 못하고 있는데, 옆에 앉은 친구 B가 A에게 물었다.

"너 뭔 일 있냐?"

그 옆 친구, C가 대신 대답했다.

"쟤 안 좋은 일 있대. 술 주지 마."

친구 B: "너 용종 뗐냐?"

친구 A: "헐, 어찌 알았냐?"

친구 B: "나도 몇 달 전 뗐어." 소주를 따라주며 "소독해야 하니까 얼른 한잔 마셔."

귀신이다. 선문답도 아니고 한 방에 맞추다니. 이 대화를 필두로 송년회 주제가 어느 병원은 절대 가지 마라, 무조건 수술하라, 로 바뀐다. 어디 병원이 잘 하더라. 온통 이런 이야기뿐이다.

코흘리개 시절 친구들이 어느새 머리가 희끗해지더니 이제 서로서로 건강을 걱정할 나이가 되었다. 함께 어린 시절을 보냈고 이제 같이 늙어가는 것을 보는 건 서로에게 의미

있는 일이라고 생각했는데 문득 무서운 생각이 들었다.

어느 날 갑자기 누가 먼저 갔다는 소식을 들으면 어쩌나? 잘 모르고 지냈다면 안타깝더라도 그렇게 잊고 지나갈 테지만, 이렇게 가끔이나마 얼굴 보고 말을 섞던 친구가 가버리면 그 마음이 어떨지 두렵다. 이제 동창 모임은 그만 나가야 하려나? 이별이 두려워 또 다른 이별을 선택해야 한다니.

청춘과 노년 사이에 갱년기

지난달에는 코앞에 사는 가장 친한 친구가 아파트 분양을 받아 이사를 갔다. 15년 동안 우린 밤마다 공원을 산책하며 어제 한 얘기 또 하고, 그 얘길 새롭게 또 듣고, 그렇게 일일드라마를 찍었던 사이이다. 이제는 차로 가야 만날 수 있는 물리적 거리가 생기다 보니 그래 봐야 차로 10분 거리 엄청 허전했다. "가을엔 떠나지 말아요."를 그렇게 불러댔건만 낙엽이 다 진 가을 끝자락에 끝내 가버려서 나는 서러움이 더했다.

어제, 그 친구가 집들이 겸, 송년회 겸 친구들을 초대했다. 나는 최신형 밥통을 준비해서 갔다.

"왜 이런 걸 사 왔어?"

함박웃음으로 반기는 친구에게

"네가 밥통 같아서 밥통 사 왔지. 나 버리고 가니깐 좋냐?"

얼굴을 보자마자 서로 애정의 화살을 쏘아댔다. 브런치라고 해서 기대했더니 김치찌개이다. 하여간 촌스러워요. 근데 맛있다. 밥을 먹고 차를 마시는데 유독 말이 없던 친구가 입을 열었다.

"나 요새 갱년기야. 심각해. 처음엔 얼굴에 열이 나더니 잠도 안 오고, 짜증만 나고, 감정의 기복이 너무 심해서 요즘엔 내가 미친 거 아닌가, 이런 생각이 들 때도 있어."

짐작은 하고 있었다. 문자를 보내도 답이 없고 전화해도 시큰둥한 게 벌써 몇 달째이다. 홈쇼핑에서 파는 건강보조식품을 먹고 좋아졌다는 친구, 석류가 좋다는 친구 등 각자 처방과 위로를 늘어놓았다.

일을 갑자기 놓아버려서일까? 결혼 후에도 직장생활을 계속해온 친구인데 아이들도 크고 한숨 돌리고 싶은 마음에 작년에 퇴직했다. 그런데 막상은 뭘 하며 보낼지 모르겠단다. 노는 것도 하루이틀, 뭔가를 배우는 것도 스트레스, 직장 동료가 친구였기에 만날 사람도 별로 없다. 남편과 아이들은 바쁘다고 늦게 들어오고 혼자 있는 시간이 길어지다 보니 갱년기 증상이 더 심해졌다. 재미있는 거리들을 추천해주었지만 이미 마음이 바닥에 쫙 깔려있어서 그 바닥의 넓이만큼 우울이 가득했다.

이 시기에 해오던 일을 갑자기 멈추는 건 위험한 일이라는 생각이 들었다. 돈을 얼마를 버는지와 상관없이 말이다.

이십 대에는 어떤 사람이 이상형인지, 어느 직장이 좋은지가 주제이더니 삼십 대엔 아이들과 배우자 이야기, 사십 대엔 그 인간이랑 사네 못 사네 하더니, 오십이 되니 몸과 마음이 관심거리이다. 세월은 느끼는 것보다 어찌나 빠른지.

어린이와 청년 사이에 사춘기가 있듯이 청춘과 노년 사이에 갱년기가 있다. 모든 과도기는 혼란스럽다. 이 혼란의 시기를 맞은 우리는 그래서 흔들리고 아프다.

송년회라는 이름으로 모여 일상을 나누고 정보를 공유하고 서로의 어깨를 두드리며 우리는 작별의 손을 흔들었다. 집으로 돌아오는 길, 근처 갈대습지공원에 차를 주차하고 차창 밖을 보았다.

색 바랜 가느다란 갈대가 바람에 흔들리고 있었다. 문득 '이렇게 저무는구나!' 싶으니 어쩐지 쓸쓸한 마음이 들었다. 마지막 청춘 한 자락도, 2018년도.

_흔들리고 아픈 50대, 처방과 위로를 주고받는 시간
18.12.23

네 번째 이야기 · 사람 —— 자세히 보면 다 예쁘다

"언니, 눈 했어요?"
이 질문의 의미를 알려줄게

친한 후배 간호사가 아이를 낳았다. 그의 대타로 그가 일하던 성형외과에서 몇 달간 일했다. 원장은 자신의 얼굴엔 관대한 듯했다. 얼굴이 자유롭고 민주적이다. 성격은 털털하고 검소하지만 조금 쪼잔하다는 게 그의 평판이다.

수술실 근무 경력이 있는 나는 당연히 수술 파트에서 일할 것으로 예상했으나, 소규모 개인 병원이다 보니 수술 없을 때는 상담도 한다.

수술실 내부가 예사롭지 않다. 벽에 십자가가 걸린 건 많이 봤어도 염주가 걸린 것은 처음 봤다. 잠깐 일할 곳이니 크게 신경 쓰진 않았다.

병원 안내데스크에 서 있는 나를 뚫어지게 쳐다보는 시선이 느껴졌다. 머뭇거리던 한 여자가 다가와 물었다.

"언니, 눈 하신 거예요?"

"네. 티 많이 나요?"

"아~뇨! 너무 자연스러워서. 여기서 하셨어요?"

"오래전에 지방에서 했는데, 지금은 그 병원이 없어졌다고 하더라고요."

아쉬워하며 돌아서는 그녀의 등 뒤에서 거울을 꺼내 본다. 오늘은 내 눈이 예뻐 보이나 보다.

어떤 날은 '코' 했냐는 질문을 받는다. 나는 똑같이 답한다. 그리고는 거울을 꺼내 코를 본다. 오늘은 코가 예쁘군. 하다못해 귀가 예쁘다는 말도 들어봤다. 배우 강수연의 귀를 닮았나? 나는 강수연 귀가 어떻게 생겼는지 모른다.

성형외과에 오는 사람들은 "자세히 보아야 예쁘다."라는 시 구절을 몸소 확인해준다. 간호사의 얼굴을 세밀하게 관찰하고 분석한 다음 성형을 했는지, 어디서 한 건지 꼭 묻는다. 어쩌면 예쁜 곳을 찾을 때까지 보기 때문에 예쁘다고 하는 건지도 모른다.

그래서 나는 어떤 날은 내 눈이, 또 코가 심지어 귀가 예쁜지를 알았다. 그런데 "언니 너무 예뻐요."라는 말은 들어본 적이 거의 없다. 부조화의 얼굴을 가진 나는 '이건 무슨 운명의 조화'인지.

'성형했다'고 거짓말한 이유

사실 난 성형을 한 적이 없다. 채색이 아름다운 그림을 배경으로 살굿빛 조명을 받으며 레몬색 가운을 입고 있으면 재투성이도 신데렐라처럼 보인다. 다만 이런 질문을 하는 사람들의 심리를 잘 알기 때문에 "그렇다."라고 답할 뿐이다.

바비 인형 같은 사람이 "다이어트 한 적 없어요. 원래 먹어도 살이 안 찌는 체질이에요."라고 하거나, 피부가 밀가루 반죽 같은 사람이 "피부관리 같은 거 받은 적 없어요. 화장품도 로드숍 제품만 써요."라고 했을 때 차오르는 분노나 적개심 같은 것을 이해하는 까닭이다.

내가 "성형했다."라고 대답하는 순간, 그들의 얼굴에 감도는 안도감 '그럼 그렇지!'과 약간의 우월의식 '했는데 저 정도야?' 비스름한 게 스치는 것을 보며 내 하얀 거짓말이 '선의'임을 확신한다. 내 이목구비를 희생해서 다른 사람들의 자존감을 세웠으니 나는야 진정한 나이팅게일 아닐까?

사람들의 처진 눈꼬리가 올라간 만큼, 주저앉은 콧대가 세워진 만큼, 감긴 눈이 떠진 만큼, 자존감이 올라가기도 한다. 특히 십 대일수록 더 그렇다. 외모 때문에 놀림받거나 위축된 아이들은 자신의 변한 모습에 빠르게 반응한다. 얼굴이 바뀌면 표정이 바뀌고 표정이 바뀌면 걸음걸이까지 바뀐다. 이런 사람들을 볼 때면 내가 다 뿌듯하다. 맹장 수술만 사람을 살리는 건 아니구나, 하는 생각이 든다.

반대인 경우도 있다. 성형 안 해도 충분히 예쁜 사람, 해도 별반 효과를 보지 못할 것 같은 사람에게는 부작용을 크게 말한다. 무시무시한 부작용이 찍힌 사진들을 일부러 펴 놓으며 "이런 경우가 생각보다 흔해요." 라고 말한다.

예를 들면, 키 165센티미터에 몸무게 52킬로그램인 사람이 지방 흡입을 하고 싶다며 얇은 배를 보일 때, U라인의 턱을 V라인으로 깎아달라고 할 때, 뒤통수를 탁 치면 눈알이 툭 빠질 것처럼 눈이 큰데도 더 키워달라고 할 때 등이 그렇다.

하지만 아무리 말려본들, 이런 사람들은 다른 데 가서라도 꼭 한다. 사람마다 만족의 기준이 다르니 할 말은 없지만, 나는 최소한 간호사의 품격을 팔고 싶지는 않아서 권하지 않았다. 아마도 더 많은 수술을 유치하면 월급을 더 주는 성과급 제도가 없어서일지도. 나를 시험에 들게 하는 이런 제도가 없는 게 다행이다.

'짠돌이' 원장의 반전.. 자세히 보니 예뻤다

마스크에 목도리로 머리까지 둘둘 말고 눈만 보이는 여자가 왔다. 사자 앞에 앉은 초식동물처럼 안절부절못하는 그녀는 출산휴가 간 후배를 찾더니 빈 상담실이 있는지 물었다.

그녀와 빈방에 들어갔다. 여전히 목도리를 풀지 않고 고개를 숙이고 있는 그녀에게 녹차를 건네며 마주보고 앉았다. 공기는 점점 무거워졌고, 나는 이 공기를 흩트리려 "날씨가 춥죠? 겨울이 오려나 봐요." "식사는 하셨어요?" 등등의 말들을 허공에 뿌렸다.

그녀는 대답 대신 목도리를 풀었다. 그녀의 목과 얼굴은 머리와 눈을 제외하고는 오래된 화상 자국으로 엉겨붙어 있었다. 6개월 전 이곳에서 2차 피부 이식 수술을 했고 3차 수술을 예약하러 왔단다. 손가락이 유난히 가는 스물셋의 여린 그녀는 둘만이 있는 공간으로 들어오자 이내 차분해 졌다.

그녀를 원장실로 데려가는 대신 나는 원장에게 차트를 건네며 그녀가 옆방에 있음을 알렸다. 원장은 묻지도 따지지도 않고 옆방으로 가더니 그녀를 보고 반가워했다. 잘 지냈냐는 안부를 주고받은 후 원장은 얼굴을 세밀히 살폈다.

많이 좋아졌다며, 앞으로도 몇 번은 더 해야 하는 장기전이니 밥도 잘 먹고 많이 웃으라고 했다. 수술 후에 회복되면서 많이 웃어야 피부가 늘어나 자연스러워진다며.

마지막에 원장은 "눈이 예쁜 ○○씨."라고 말했다. 가만히 보니 진짜 눈이 예뻤다. 화상에 가려 보이지 않던 눈이, 선한 눈망울이 보석처럼 빛이 났다. 진주를 만든 조개처럼, 두 눈꺼풀 사이에서 얼마나 많은 눈물을 쏟아낸 뒤 지금처럼 빛나게 됐을까? 아니, 빛을 되찾게 됐을까? 그걸 발견한 원장도 달라 보였다.

놀란 건 그다음이었다.

"감사해요 원장님. 이렇게 무료로 계속 치료를 받아도 되는 건지 모르겠어요. 죄송해서….."

"그런 소리 말고 내가 내준 미션은 잘 하고 있죠? 하루

에 한 시간 산책하기. 집에만 있으면 안 돼. 자꾸 나가야
해. 알겠죠?"

"네, 하고 있어요."

그녀가 가고 동료 간호사에게 들었다. 원장은 사정 딱한
사람들을 무료로 진료한다는 사실을. 아니 이런 미담은 주
로 큰 병원에서 홍보용으로 많이 사용하는데, 원장은 절에
다니는 불자이면서 오른손이 한 일을 왼손이 모르게 하고
있었다니.

다음 날 아침, 사비를 털어 향 좋은 아메리카노를 사다가
원장 방에 놓았다. 아르바이트 주제에 원장에게 커피를 샀
다. 쪼잔해서 회식 때 절대 한우는 안 사준다는 원장은 "이
거 뭐야?" 하며 좋아했다.

"제가 한턱냈어요. 찔리는 게 많아서요."

내가 큰 소리로 웃으며 말하자, 원장은 이제야 말한다는
듯 "저기 문 쌤, 환자 좀 돌려보내지 마요. 내가 보고 필요
없다 싶으면 내가 안 해요."라고 부탁했다.

'이 인간, 다 알고 있었구나!'

나는 "죄송해요."라고 답했다. 간호사의 품격을 지니고
싶었던, 나이팅게일을 지향했던 나의 1패다.

그런데 그를 바라보다가 알았다. 그의 치아가 가지런히 예쁘다는 걸. 아, 이래서 자세히 보면 예쁘다고 하는구나. 나는 무서운 사진들을 테이블 아래로 내려놓았다.

_성형외과에서 만난 사람들..
자세히 봐야 예쁜 이유가 있었다
17.11.25

치매 걸린 시아버지,
"차라리 다행"이라는 며느리

"아버님, 식사부터 하세요. 그동안 제가 가방 싸고 있을게요."

"그럴까?" 그는 가방을 잠그고 두 걸음 옮기더니 다시 돌아서서 가방을 연다. 약봉지와 수건, 칫솔과 치약. 이 네 가지를 손가방에 '넣다 뺐다'를 무한 반복 중이다. 종이로 된 약봉지는 너덜너덜해졌다. 내가 다가가 그의 손을 잡고 식탁을 향한다. 잠자코 따라오던 그는 "가만있어봐라. 가방을 아직 안 쌌는데 가방부터 싸야겠다."라며 내 손을 놓고 돌아선다. 한 시간 전에 차려놓은 밥은 이미 식었다.

어제는 혈압이 높아서, 오늘은 소변이 안 나와서, 매일 다르고 또 비슷한 이유로 병원에 입원하러 갈 준비를 한다. 용

케 '가방 싸기'가 끝나서 출발해도, 도중에 그는 집에 뭘 두고 왔다며 다시 집에 가자고 채근한다.

"뭘 놓고 오셨어요? 일단 병원부터 가시고 제가 가져다 드릴게요."

"아냐, 내가 가야 해. 빨리 차 돌려라."

한번 판단이 내려지면 강박이 생긴다. 말을 제때 들어주지 않으면 불안이 커져서 화로 바뀌고 결국 큰소리가 난다. 그는 94세 나의 시아버지이다.

재작년 4월, 시어머님이 갑자기 심장마비로 돌아가시기 전까지 그는 안산에서 소래포구까지 대중교통을 이용해 젓갈을 사 와서 김치를 담글 만큼 건강했다. 배추 몇 포기에 고춧가루가 몇 컵, 젓갈이 몇 컵, 다진 마늘이 몇 컵 들어가는지 알았고, 설거지가 끝나면 행주를 삶아 베란다에 너는 것으로 부엌일을 마무리했다. 차로 5분, 걸어서는 15분 거리에 사는 우리 집에 김치전을 부쳐서 산책 겸 배달 오셨고 공부하는 손자들 먹으라고 딸기를 사 오시기도 했다.

그녀가 유명을 달리한 이후 그는 급격히 정신건강이 나빠졌다. 생활비를 찾으러 간 은행에서 천 원짜리로 150만 원을 찾아 신문지로 둘둘 말아 들고 온다. 깜짝 놀란 딸이

"만 원짜리로 10만 원만 찾아오면 되는데." 하며 부랴부랴 통장과 돈을 들고 은행으로 다시 입금하러 간다. 머쓱해 하시던 아버님은 딸이 문 닫고 나간 지 5분도 안 돼서 전화를 한다.

"너 왜 내 통장이랑 돈을 훔쳐 갔니? 빨리 갖고 와."

화가 단단히 나셨다. 아무리 설명을 해도 소용없다. 은행에 가서 본인이 직접 입금해야 소란은 멈춘다. 지난 추석에는 우리 집에서 식사하던 도중 화장실 다녀온 후 거실 한가운데에 서서는 여기가 어디냐고 내게 묻는다. 셀 수 없이 다녀간 이곳을. 남편의 눈꼬리가 경직되는 것을 본다. 남편은 '연세가 있으니 이럴 수 있다'고 머리로는 생각하지만 막상 받아들이기는 버겁다.

이럴 때면 나는 두 사람을 동시에 간호해야 한다. 아버지를 향한 숨은 애정의 크기만큼 속상한 남편의 언짢은 소리가 불쑥 튀어나와 서로에게 상처를 남기기 때문이다. 나는 남편의 어깨를 두 번 토닥인 후 재빨리 그에게로 가서 팔짱을 끼며 "아버지, 제가 청소를 너무 깨끗이 해서 다른 집 같죠? 어서 식사 마저 드세요." 하며 식탁 의자에 그를 앉힌다.

밤에 잘 때도 한 시간 간격으로 일어나 집 안을 돌아다닌다. 낮잠도 없다. 분리불안이 점점 심해져서 혼자 있을 때는 전화기를 붙잡고 산다. 도우미분이 있어도 소용없고 자식들 중 누군가가 와야 멈춘다. 다행히 그의 근처에는 그의 세 딸과 내가 있다. 우리가 돌아가면서 그를 돌본다.

아내에 대한 기억을 잃은 시아버지

나는 휴직 중인 간호사이다. 대학 동기 중 보건소 치매 센터에서 일하는 친구에게 전화를 걸어 그의 상태를 이야기하고 상담을 받았다. 친구는 대개의 경우 간단한 인지능력 검사를 한 후 이상이 있으면 MRI도 찍고 진단이 확정되면 치매 치료약인 '뇌 혈류 순환 개선제'를 처방받게 된다고 했다. 약을 복용하면 치매 진행 속도를 늦출 수 있다고 했다.

내켜 하지 않는 그를 설득해 치매 검사를 받으러 보건소에 갔다. 보건소에 가는 날, 새벽 여섯 시부터 샤워를 마치고 밥을 먹고 옷을 챙겨 입은 그는 침대 모서리에 앉아 아홉 시가 되기를 기다렸다. 검사하는 동안 긴장한 그는 정신을 바짝 차리고 대답도 또박또박 잘했다. 교감 선생님으로 정년퇴직한 그에게 '정신만 바짝 차리면' 어렵지 않은 문제였다. 그 순간에 그는 아주 정상이었고 그렇게 진단이 내려졌다. 초기 인지장애의 경우 이런 일이 종종 발생한다고 한다.

결과가 정상으로 나왔기 때문에 기대했던 약은 받지 못했다. 그는 안도했고 같이 간 딸은 걱정스러워했다. 한 가지, 불행 중 다행스러운 건 그가 아내에 대한 기억을 잃은 것이다. 아내를 갑자기 보낸 그는 그녀에 대한 그리움으로 눈물이 마를 날이 없었다. 날마다 그녀를 보낸 그 날을 복기하며 후회스러워했다. 모든 대화는 '기승전그녀'로 귀결되었다.

밤마다 그녀의 베개를 꼭 옆에 붙이고, 그녀의 베개에 말을 걸고 그랬던 그가 그녀에 대한 기억마저 깜빡깜빡하더니 이제 더는 그녀 때문에 눈물 흘리지 않는다. 그녀의 부재에 대한 고통이 그녀의 기억조차 지운 것인지 그는 거짓말처럼 그녀를 잊었다. 가족 누구도 그녀 이야기를 입 밖에 꺼내지 않는다. 행여라도 기억이 살아나서 그의 눈가가 다시 짓무를까 봐.

잊어버리라고, 다 잊어버리고 살라고

나는 이 모습을 보며 치매가 다행인지 불행인지 생각해본다. 혹시 본인에게는 축복, 나머지 가족들에게는 재앙이지 않을까? 그토록 그를 힘들게 하던, 잔인하도록 사무치는 그리운 기억이 사라지고, 그 자리를 '오늘은 무엇을 먹을까'가 대신한다. 우울하던 그의 표정도 밝아졌다. 자식들에게 부담 주는 걸 싫어해 전화도 자제하던 그가 지금은 자식들이 가끔 전화기를 꺼놓을 정도로 집요하게 전화를 건다. 안 받는다고 속상해하지도 않는다. 기억조차 못 하니까.

가끔 "이렇게 오래 사는 게 고통이다."라고 하실 때도 있지만 조금만 콧물이 나와도 병원에 가고, 맛있는 음식을 먹을 땐 아이처럼 좋아한다.

나이가 들어갈수록 주변 사람들이 떠나간다. 부모가, 배우자가, 친구가, 더러는 자식이 먼저 생을 마감하기도 한다. 인간이 이 모든 고통의 기억을 안고 산다면 그야말로 사는 건 지옥이 될 텐데.

그래서일까? 그렇게는 살 수가 없으니 잊어버리라고, 잊어버리고 살라고 치매가 오는 건 아닌지. 그래서 그를 바라보는 나는 매일매일 안타깝고 당황스럽지만 "차라리 다행이다." 싶을 때도 있다. 그가 모든 걸 잊은 듯 천진한 얼굴로 순댓국이 먹고 싶다고 할 때, 단풍이 예쁘다고 감탄하며 무릎 아픈 것도 잊고 단풍놀이 가자며 조를 때, 우울하게 앉아 있는 대신 뭔가를 집중해서 반복하는 것이 운동이 될 때가 그렇다.

전화벨이 울린다. "나 갈비탕 좀 사다 줄래?" 나는 시계를 흘깃 보며 "네" 답한다. 곧 있으면 아들이 밥 먹으러 올 시간이다. 시간이 촉박하니 불편한 마음이 슬그머니 올라온다. 얼마 전 본 영화에서 소년이 노승에게 한 말을 주문처럼 되뇐다.

"나쁜 마음으로 하지 마세요."

나는 서둘러 갈비탕을 사러 간다.

_치매는 정말 재앙일까?
18.01.15

누구에게도 무해한 사람,
진짜 있었네

인천 지역 주간지에 글을 보내고 있다. 미술 작품 작가를 둘러싼 이야기를 소개하는 글이다. 연재를 시작한 지 6개월이 넘었지만 편집자에게 전자우편으로 기사를 보내기만 할 뿐 신문사 관계자 얼굴을 본 적이 단 한 번도 없다.

지난주 편집자에게서 전화가 왔다. 신문사 15주년 기념식에 외부 필진 자격으로 초대하고 싶다는 내용이었다. 어떤 곳에서 어떤 사람들이 일하는지 궁금하던 차에 온 연락이라 흔쾌히 "참석해서 자리를 빛내주겠다."고 약조했다.

'자리를 빛내주려면 어떻게 해야 할까?'

고민이 되었다. 드레스를 입고 가는 건 좀 오버고. 그래도 처음 뵙는 자리이니 성의 있는 모습으로 가고 싶었다.

고민 끝에 파마를 하기로 마음먹었다. 머릿결이 좋지 않아 십 년 동안 파마를 안 했다. 변화가 없어 지루했는데 이번 기회에 도전!

패션 잡지에서 예쁘게 파마한 모델 사진을 부욱 찢은 다음, 그걸 들고 친구가 운영하는 미용실에 갔다. 허리까지 내려오는 긴 머리를 자르고 돌돌 말기 시작했다. 다 말고 나서 머리에 스탠드 갓 같은 걸 쓰고 있으니 기대도 되고 좀 웃기기도 했다.

지루한 기다림이 끝났다. 드디어 머리를 풀었는데, 머릿결 때문인지 얼굴이 문제인 건지 잡지와는 매우 다른 형태가 나왔다. 너무 정성껏 말아서 그런가? 앞으로 십 년은 절대 풀리지 않을 것 같은 '빠마'가 나왔다. 머리를 해준 친구가 허둥거린다. "괜찮네, 잘 나왔어."

나 역시 허둥거리며 미용실을 나왔다. 집에 와서 거울을 자세히 보니 자리를 빛내지는 못해도 사람들에게 웃음을 줄 순 있을 것 같았다.

착한 사람 승희

그곳에서 연재를 하게 된 건 글쓰기 수업에서 만난 어느 학인學人 덕택이다. 내게 아주 고마운 사람. 눈망울이 선한 그는 이미 7년 전부터 그곳에 글을 싣고 있었고, 그의 추천으로 나도 글을 싣게 된 거였다.

기념식 당일, 우리는 낮에 만나 영화도 보고 예쁜 카페에서 차도 마셨다. 그리고 시간 맞춰 신문사에 도착했다. 문을 열고 들어가니 한창 퀴즈가 진행 중이었다. 맞추면 경품이 우수수. 난센스 문제와 상식 문제가 번갈아 나왔다. 재밌었다. 진행을 맡은 사람이 내 글을 편집한 분이라고 동행한 학인이 귀띔해주었다. 편집자의 7080식 옛날 유머에 웃다 보니 퀴즈가 끝났다. 나는 하나도 못 맞혔고 속상하게 경품도 못 받았다.

본사 직원들, 칼럼니스트, 만화 · 만평가, 외부 필진 등 총 30~40명 정도 모였는데, 생각했던 것보다 훨씬 편안한 분위기에 연령층도 다양했다. 그동안 신문사가 유지되는 데여러 가지로 도움을 준 사람들이 앞으로 나가 한마디씩 했다. 여태까지 해온 것처럼 약자와 소수자의 편에 서서 권력에 물러서지 않고 할 말은 하는 신문사로 성장하자며 서로 독려하고 다짐했다. 이럴 땐 왜 자꾸 주먹이 불끈 쥐어지는지? 정식 직원도 아니고, 기자도 아니고, 그저 문화면에 작은 글 하나 쓰는 주제에….

머리가 희끗희끗한 시인 한 분이 앞으로 나가더니 시를 한 편 써왔다며 낭송했다. 창간 15주년을 축하하는 시이겠거니 생각했는데, 아니다. 제목이 〈착한 사람 승희〉이다.

익숙한 이름. 내 글의 편집자 그 이승희. 나는 승희 씨가 어떤 사람인지 모른다. 그래서 듣고 있자니 살짝 웃음이 났다. 옆을 슬쩍 보니 맙소사! 내 옆의 그녀가 울고 있다. 나를 그 신문사에 소개한 그 학인 말이다. 송아지같이 동그란 눈이 벌겋게 변하더니 맑은 우박 같은 눈물을 뚝뚝 떨어냈다. 나는 어리둥절했다. 나 빼고 다들 공감하는 듯 고개를 쉴 새 없이 끄덕였다. 시를 낭독하는 시인도 목이 메는 듯 읽다가 잠시 멈칫했다. 이건 왠지 교회 부흥회 분위기. 시낭독이 끝나고 하마터면 '아멘'이라고 할 뻔했다.

고개를 돌려 승희 씨를 보았다. 그 착하다는 승희 씨는 하필 감동적인 순간에 전화가 와서 통화 중이다. 허리를 구부리고 전화를 받는 모습이 좀 착해 보인다. 대학 총학생회장

출신이라는 그는

편집국장이 필요하면 편집국장을 하고, 사장을 구하지
못하면 사장을 하고, 사장이 새로 오니 편집국장을 하고,
편집국장이 새로 오니 논설실장을 하고⋯. 그래도 자기
는 마음이 편해서 좋다.

_〈착한 사람 승회〉 중

는 사람이란다. 신문사를 지키기 위해 이것저것 따지지
않고 어떤 역할이든 최선을 다해서 해냈으며, 그렇게 고생
하면서도 싫은 소리 한 번 잘 안 했다고.

그뿐이랴? 직원들과 후원자들이 모여 엠티라도 가면 그
는 제일 마지막까지 남아 뒤치다꺼리를 하고, 아침이면 제
일 먼저 일어나 해장국을 끓이고 남은 김치로 전을 부쳐 아
침을 차렸다. 신문 배달부터 사장까지, 그의 희생과 고생을
7년 넘게 봐온 학인은 옛날 생각에 젖어 끝없이 눈물을 흘
렸다.

순순히 내어줄 수 있는 사람

개인주의가 외려 미덕으로 여겨지는 시대에 기꺼이 자신을 내어주는 사람이 있다니! 삶 자체로 주변 사람들을 눈물 흘리게 하는 승희 씨는 대체 어떤 사람일까?

매력은 주로 톡 쏘는 독성에서 오는 경우가 많다. 나쁜 남자와 장미의 가시처럼. 이런 매력은 처음엔 강렬해서 시선을 끌지만 너무나 날카로워서 가까이 갈수록 다치기 십상이다. 그런데 승희 씨 이 사람은 정반대의 사람인가 보다.

식전 행사가 끝나고 삼삼오오 모여 준비한 저녁을 먹었다. 그는 와인병을 들고 빈 잔이 보이는 곳에 리필하고 다녔다. 누군가 와인의 도수를 묻자, 쓰고 있던 안경을 이마 위로 올리더니 인상을 찌푸리며 잔글씨를 읽는다. 나이가 오십 대 전후인 듯하다. 그 나이가 되도록 사람들의 신뢰를 잃지 않는 비결은 뭘까?

시간이 밤 열 시를 넘어 서둘러 나오는데 승희 씨가 보이지 않는다. 인사도 못 하고 운전대를 잡았다. 백미러를 보며 후진을 하려다 소스라쳤다.

"깜짝이야!"

나를 놀라게 한 '빠마 귀신'은 바로 나였다. 머리는 부스스하고 입가에는 초고추장이 번져 영화 〈배트맨〉의 조커 같았다.

가끔 내가 어떤 사람인지 헷갈릴 때가 있다. 착하게 굴려고 하다가도 '저 사람 때문에 손해를 보면 어쩌지' 싶어 이 것저것 계산하고, 부탁에 응하려 하다가도 '나를 착취하려는 건 아닐까?' 하고 촉각을 곤두세운다. 순진하게 보였다가는 나만 다칠 것 같아서, '나도 그렇게 호락호락한 사람은 아니라는 걸' 일깨워주듯 독한 말을 하기도 한다.

착해지고 싶은 마음과 만만한 사람은 되고 싶지 않은 이성 사이에서 갈팡질팡하다 보면 진짜 내 모습이 무엇이었나, 까마득해지곤 한다.

사람을 한 번 보고 단박에 판단하긴 어렵다. 하지만 그를 20여 년 지켜봐 왔다는 사람들의 반응을 보며, 지인들이 전해준 일화를 들으며, 그가 어떻게 살아왔는지 느껴졌다.

좋아하는 사람들을 상대로 이것저것 손익을 계산하지 않는 사람. 자리에 연연하지 않는 사람. 궂은일을 기꺼이 도맡는 사람. 그래서 그 조직의 기둥이 되어주는 사람. 그 누구에게도 무해한 사람. 나는 그날 승희 씨를 처음 보고 알게 되었고, 자연스럽게 내 삶을 돌아보게 되었다.

원고료 인상을 약속받은 것도 아닌데 오늘은 괜히 마음이 부자가 된 듯하다. 나이가 들수록 사람이 재산이니까. 그리고 다음에 이런 자리가 생기면 반짝이 의상이나 미러볼을 들고 가서 자리를 빛내줘야겠다. 나도 나를 보며 놀랐는데 본의 아니게 심려를 끼쳐 죄송하다.

_기꺼이 내어주는 사람이 될 수 있을까?
18.11.02.

직장에서 잘린 40대 비혼 딸에게
엄마가 쓴 쪽지

혼자 살아본 적이 없다. 대학 졸업 때까지는 부모님과 사 남매가 모여 살았고, 졸업 후에는 친구랑 자취하다가 곧 결혼했다. 그리고 바로 아들 둘을 낳았으니 내 인생에 혼자인 적은 없었던 셈이다.

그게 자연스러운 일인 양, 별 저항 없이 20년 훌쩍 넘게 살았는데 어느 날부터인지 균열이 생기기 시작했다. 그 균열은 오랜 시간 내가 나로 살 수 없음에서 기인했다. 드라마에 흔히 나오는 중년 여성의 자아 찾기 비슷한 거였는지도 모른다. 나는 방황했고 내 발길이 머문 곳은 어느 글쓰기 모임이었다.

글을 써서 먹고사는 건 꿈에도 생각해보지 않았으나 글

을 쓰는 걸 멈춘 적도 없었다. 어렸을 때는 연애편지나 팬레터 대신 써주기, 라디오에 사연 보내서 경품 타기 전문이었고, 밤마다 세 살 터울 언니와 이불 속에서 소설을 썼다.

언니와 나는 주인공을 불치병에 걸린 비련의 여인으로 설정해놓고 밤새 목 놓아 울었다. 지금 생각하면 어처구니가 없지만, 우린 주인공을 살릴지 죽일지, 몇 달을 갈팡질팡하다가 결국 마무리짓지 못하곤 했다. 지금이라면 일단 죽었다가 얼굴에 점 찍고 살리면 되는 것을 그때는 그런 창의력이 없었다.

결은 다르지만 가슴에 돌덩이 얹고 사는 건 매한가지

결혼하고는 육아, 환절기 때마다 쓰나미처럼 밀려오는 감정의 소용돌이, 주변 인간관계에서의 갈등, 남편에 대한 양가감정딸 밉다〈밉다에 대한 것들이 내 글의 주제가 되었다. 관심사가 그러니 흔들리던 내 발걸음이 머문 곳이 글을 쓰는 거기가 될 수밖에.

그곳에는 나랑 동갑인 학인學人이 있었다. 방송작가 출신에다 비혼이란다. 나의 로망인 글을 써서 먹고사는 싱글녀.

내가 원하는 삶을 살아온 그이기에 유독 관심이 갔다. 그의 삶이 마치 내가 가보지 않은 길인 것처럼 느껴졌다.

그리고 그는 친절함을 가장한 나약한 나와 달리 뭔가 강단 있고 기품 있어 보였다. 우린 매주 글 한 편씩을 썼는데, 그는 갑자기 맞닥뜨린 환경에 대한 서글픔과 당황함에 관한 글을 필두로 불안한 미래, 가족 이야기, 여행, 그리고 새로운 뭔가를 향한 갈망 같은 글을 썼다.

내 기대가 너무 컸던 것인지, 내가 세상 물정을 몰랐던 것인지, 당당하고 화려하길 바랐던 그의 행로는 고달프고 쓸쓸해 보였다. 방송국에서 갑자기 잘리고 받아주는 곳이 없어 지긋지긋하게 이력서를 썼다는 말, 죽기 살기로 일했는데 통장 잔고는 늘 바닥이라는 글, 잡지사 편집장으로 오랜 시간 일하다가 스트레스와 과로로 한쪽 청력을 잃었다는 그의 삶에 적당한 위로의 말을 찾기가 힘들었다.

그 위태로운 길 위에서도 존엄을 잃지 않는 그의 말투와 몸짓에 내 눈은 커졌다. 그리고 새삼스레 되뇌었다. 비혼이든 기혼이든 결은 다르지만 비슷한 크기의 고민을 한다는 것을.

다들 고만고만한 돌멩이를 가슴에 얹고 사는구나 싶으니 내 가슴을 짓누르는 돌멩이가 견딜 만한 것이 되기도 했다.

결혼하고 아내가 되고, 엄마가 되고, 며느리가 되면서 내 인생이 내 맘보다 남 맘대로 더 오랜 시간 살았다는 억울함에서 한 발짝 떨어지는 나를 보았다. 남편에 대한 서운함이나 원망은 "적어도 경제적인 어려움은 주지 않았다."라고 덮을 수 있는 수준의 것으로 치환되었다.

그는 혼자여서 고단함을, 나는 둘이라서 고단함을 털어놓았고, 그렇게 우리는 한 잔씩의 위로를 주고받았다.

그즈음 나는 〈오마이뉴스〉로부터 제의를 받아 '명랑한 중년' 연재를 시작한 지 얼마 되지 않았다. 나는 조심스레 그에게 그가 쓴 글을 〈오마이뉴스〉에 보낼 것을 종용했다. 방송작가와 편집자로 이십 년 넘게 글을 써온 그의 필력은 이미 입증되었고 비혼 인구가 늘어난 요즘 그의 글이 파급력이 있을 것으로 생각되었다.

그리고 얼마 후, 그도 '비혼 일기'라는 연재를 시작했다. 그리고 2년이라는 시간이 훌쩍 지나 그 글들이 모여 《혼자 살면 어때요? 좋으면 그만이지》라는 책이 되었다.

처지는 달라도 같은 감정을 느끼며 산다

책이 나오자마자 주문했다. 내가 그의 첫 독자가 되고 싶었기 때문이었다. 읽다 보니 눈길이 머무는 곳이 있다.

어떤 날은 혼자여도 잘 살 수 있을 거 같고 어떤 날은 혼자여서 사는 게 두렵다. 어떤 날은 아직 늦지 않았다는 희망을 품고 어떤 날은 너무 늦어서 모든 게 부질없다고 여겨진다. 어떤 날은 세상이 호의로 가득 차 보이고 어떤 날은 세상이 무섭도록 불친절하다. 어떤 날은 사람 덕분에 행복하고 어떤 날은 사람 하나 때문에 상처받는다. 생각해보면 세상도 사람도 나도 그대로인데 변덕스러운 내 마음만 분주히 흑과 백을 오가는 것이다.

_신소영, 《혼자 살면 어때요? 좋으면 그만이지》

어떤 날은 둘이어서 잘 살 수 있을 것 같고, 어떤 날은 둘이어서 사는 게 두려울 때가 내게도 있었다. 분주히 흑과 백을 오가는 마음 때문에 많은 날을 부대끼고 외로웠고, 밤에는 이불을 뒤집어썼다.

다른 처지에서 같은 감정을 느낀다는 것은 한쪽으로 쏠린 시각을, 감정의 무게중심을, 살짝 옮길 수 있는 사고를 가능하게 해주었다.

이 책은 단지 비혼 여성만을 위한 글이 아니다. 비혼 여성의 눈을 매개로 바라본 세상을 통해 나도 알지 못한 사이에 가지고 있던 편견이나 당연시하던 말과 행동들에 대해 의심하게 된다.

가슴을 데우는 글도 있다. 하루아침에 직장에서 잘리고 상처받은 작가에게 작가의 어머니가 남겼다는 다정한 쪽지에 나도 눈물을 쏟았다. "네 마음을 아껴줘, '힘내'."

> 나는 그 말에 울컥했다가 엄마가 크게 쓴 '힘내'라는 글자를 보고 웃어버렸다. 얼마나 강조하고 싶었으면 글자 포인트를 키우고 따옴표까지 붙였을까.
>
> _신소영,《혼자 살면 어때요? 좋으면 그만이지》

내가 로망하는 삶을 그가 살고 있기 때문이기도 하지만, 사실 내가 그를 열렬히 응원하는 이유는 따로 있다. 어느 날, 카페에서 그가 무심히 던진 한마디 때문이다. 사회가 더 좋아지는 방향으로 가는 데 도움이 되는 그런 글을 쓰고 싶다는 말.

이미 기성세대가 되어버린 지금, 앞으로 살아갈 세대에게 좀 더 나은 세상을 물려주려면 지금 당장 내가 욕을 먹더라도 편견을 깰 수 있는 글, '당연히'라고 여겨졌지만 결코 '당연하지 않은 것'에 저항하는 의미 있는 글을 써야겠다고 했다. 말잇못말을 잇지 못함.

날이 더워지고 있다. 이렇게 더운 날, 에어컨 아래에서 시원한 아이스 아메리카노를 마시며 이 책을 읽기를 권한다. 분명 입가에 미소가 번질 것이다.

_[서평] 《혼자 살면 어때요? 좋으면 그만이지》
19.07.17

아이를 잃은 엄마에게
꼭 필요했던 위로

학교에서 돌아온 중3 아들 표정이 어둡다. 같은 반 아이의 엄마가 암으로 돌아가셨다고 했다. 마음이 덜컥했다. 아들은 장례식장에 가도 되느냐고 물었다. 친구들하고 같이 가냐고 물었더니 아니란다.

친구의 이름을 들어보니 낯설다. 잠시 생각했다. 친한 친구도 아니고 말을 섞어본 적도 별로 없다는데 혼자서 그 아이 엄마의 장례식에 간다니. 왜 그런 마음이 드는지 물었다. 아들은 "그냥"이라고 답했다. 저녁을 먹고 난 뒤 집안일을 마치고 아들과 나는 장례식장으로 향했다. 집에서 가까웠다. 차 안에서 물었다.

"그 아이는 어떤 아이야?"

아들은 "말이 없고 항상 그림을 그리는 아이"라고 답했다. 친구들과도 잘 어울리지 않고 항상 혼자서 그림만 그린다고. 아들은 왜 이 장례식에 가려고 생각했을까, 속으로는 계속 의문이 들었지만 그저 정이 많아서 그런가 보다 짐작만 했다.

빈소에 도착하니 유난히 체격이 작은 그 아이와 아이 아빠가 상복을 입고 조문객을 맞고 있었다. 창백하고 눈이 퉁퉁 부은 아이 얼굴을 보니 또 한 번 마음이 덜컹거렸다. 아이는 갑작스러운 우리의 등장에 놀란 것 같았다. 고인에게 향을 피우고 절을 하고, 상주와 맞절을 했다. 고개를 드니 아이 아빠는 '누구신지?' 하는 얼굴로 나를 보았다. 나는 내 아들을 슬쩍 보며 같은 반 친구라고 했다. 순간 아이 아빠의 눈빛이 반짝 하는 것을 느꼈다. 아빠는 아이를 바라보았고, 아이는 작은 목소리로 "같은 반"이라고 했다. 순간 나도 모르게 아이에게 다가가 아이를 안았다.

아이는 애써 참아왔는지 내 품에서 "끙끙"대며 울었다. 나도 울었다. 아들은 어정쩡하게 옆에 서 있다가 그 아이 등을 잠시 만졌다. 아이를 놓고 돌아서는데 아이 아빠가 신발장까지 따라와 내 아들의 머리를 쓰다듬었다. 그의 손길에는 많은 것이 묻어있었다. 고마움, 그리고 부탁 같은 것.

집으로 오는 길, 평소에 답답하리만치 말이 없는 아들은 내게 "고마워."라고 했다. 같이 와줘서 고맙고, 내가 그 아이를 안고 울어줘서 고맙다고. 아이 엄마의 부고 소식은 담임 선생님으로부터 들었단다. 그 소식을 듣고 아들은 그 아이가 왜 그렇게 우울했는지 알았다고 했다. 그리고 생각했단다. '나한테 이런 일이 생기면 어떨까?' 그래서 오고 싶었단다. 자신에게 이런 일이 생기면 누군가 와 줬으면 좋겠어서.

시간이 흘러 한 달쯤 지났을 때 그 아이가 어떻게 지내는지 물었다. 여전히 말없이 조용히 그림만 그린다고 했다. 나는 점심시간에 같이 공도 차고 농구도 하자고 말을 걸어보라고 했다. 아들은 갑자기 너무 그러면 부담스러울 것 같다며 무슨 말을 해야 할지 모르겠다고 했다. 나도 어떤 말이 위로가 되는지 몰라서 그냥 있었다. 그렇게 5년이 흘렀다.

아이를 잃은 엄마 "이 감정이 사라지기도 하나요?"

영화 〈레빗 홀〉을 며칠 전 보았다. 애도에 관한 이야기이다. 베카 니콜 키드만 분와 하위아론 에크하트 분는 8개월 전 교통사고로 아들을 잃었다. 그날 이후 베카는 주변의 모든 사람들과 벽을 쌓고 살고 있다. 아무렇지 않게 자신을 초대하는 이웃도 부담스럽고, 같은 상처를 가진 부모들의 모임에 나가 이야기를 나누는 것도 위로가 되지 않는다. 내면의 소리는 외면한 채 천국을 운운 하는 사람들이 마땅치 않아서이다.

하위도 이 슬픔을 극복해보려 갖은 노력을 다 하지만 번번이 베카와 어긋난다. 서로 조심하느라, 더 상처가 날까 봐 정작 아들을 잃은 슬픔과 그리움을 입 밖으로 꺼내지 못한다. 하지만 덮을 수 있는 상처가 아니다. 통과해야 하는 상처이다.

베카의 엄마 냇다이앤 위스트 분 역시 11년 전, 서른 살의 아들을 잃었다. 엄마와 딸이 모두 아들을 잃은 것이다. 냇은 베카의 슬픔을 누구보다도 잘 알기에 격하게 출렁이는 베카의 감정을 담담히 받아낸다. 아들의 유품을 정리하던 베카가 그 꾸러미들을 바라보며 냇에게 묻는다.

"이 감정이 사라지긴 하나요?"

"아니, 사라지지 않아. 적어도 난 11년 동안 그랬어. 그래도 변해. 슬픔의 무게가 변하는지도 모르지. 어느 순간, 견딜 만해져. 이제 슬픔에서 기어 나올 수 있는 거지.

그리고 슬픔의 벽돌을 주머니에 넣고 다니는 거야. 게다가 가끔 잊기도 하고, 어쩌다가 그 슬픔을 찾으면 그 자리에 그대로 있어. 뭐랄까… 마음에 들지 않지만 아들 대신에 존재하는 거야. 그래서 주머니에 넣고 다니는 거지. 이 마음은 절대 사라지지 않아."

슬픔을 마음껏 드러내어 함께 나누고 어루만지고 보살피는 애도의 과정을 묻어두기만 한다면, 마음은 병이 들고 결국 주변과의 관계마저 무너져버린다. 친구는 물론 가족까지도. 설상가상, 이는 또 다른 비극을 몰고 오기도 한다.

다시 세상 속으로 손을 뻗어보기로 마음먹은 부부는 친구들을 집으로 초대한다. 초대에 앞서 어떻게 손님을 맞을 것인지 대화하는 부부는 친구들에게 줄 선물을 준비하고, 요리를 하고, 친구 아이들의 안부를 물어보고, '누구도 불편하지 않게 아무렇지 않은 척 연기하기'로 한다.

그리고 죽은 아들에 대해 물어올 때까지 기다리자고. 그렇게 하루하루 살아내기.

무엇을 좋아하고 어떤 추억을 가지고 있으며 어떤 사람이었는지 이야기할 수 있도록 고인의 존재에 대해 물어봐주는 것. 상처를 양지바른 곳에 계속 꺼내게 하는 일. 손 잡아주고 물어봐주고 같이 울어주기. 가까운 사람을 잃은 이들에게 우리들이 해야 하는 일이다. 이런 일은 내게도 일어나는 일이니까, 내게도 그들의 품어줌이 필요하니까.

스무 살이 되었을 아이에게 해주고 싶은 말

맨발의 무용수 이사도라 덩컨은 불의의 사고로 아이 둘을 한꺼번에 잃었다. 아이들이 타고 있던 자동차가 폭우 속에 센강으로 빠진 사고가 있었다. 이 소식을 들은 이사도라는 충격에 눈물조차 흘리지 못했다. 이 사건이 있은 후, 파리 사람들은 아이들의 이름을 부르며 미친 듯이 뛰어다니는 이사도라를 수도 없이 목격했다.

훗날 그는 이때를 회상하며 고통 속에 있는 사람에게 "힘내"라고 말하는 사람이 가장 싫었다고 했다. 대신 소리 지르고 울라고 말해주는 사람, '아이들에 대해 물어보고 함께 울어주는 사람들' 때문에 다시 일어설 힘을 얻었다고.

아들과 저녁을 먹으며 영화에 관한 이야기, 애도에 관한 이야기를 나누었다. 문득 5년 전, 그 아이가 생각났다. 아들도 그 아이 소식을 모른다고 했다. 미안했다. 그때는 무슨 말을 어떻게 해야 할지 몰랐던 내가, 이젠 스무 살이 되었을 아이에게, 아니 청년에게 이제라도 말을 건네고 싶다. 엄마는 어떤 사람이었는지, 엄마한테는 무슨 냄새가 났는지, 엄마가 해준 요리 중 가장 맛있는 건 무엇이었는지, 엄마랑 가장 행복했던 때는 언제였는지.

그리고 그려본다. 청년과 청년의 아버지가 나란히 앉아 슬픔을 감추지 않고 먼저 떠난 엄마에 대해 마음껏 말하는 모습을. 그러고 보니 오늘 날이 참 좋다.

_죽음은 덮을 수 있는 게 아니고 통과해야 하는 상처
19.04.22

다섯 번째 이야기 · 예술

―

머리가 멍한 날엔 드라마를 본다

명절 연휴 마지막 날,
열불 나는 마음 잠재우고 싶다면

멜로드라마는 대체로 첫사랑, 출생의 비밀, 기억상실, 불치병, 신분 차이 등등으로 시작해서 쟁쟁한 경쟁자를 만나 이별과 재회를 반복하다가, 진정한 사랑을 깨닫고 마침내 해피엔딩으로 마무리된다. 다른 장르라면 몰라도 멜로드라마가 해피엔딩이 아니면 관객은 상당히 '언해피'해지기 때문이다.

요즘 드라마 작법을 배우는 나는 이 법칙에서 벗어나는 애정극을 써볼까 하며 불철주야 드라마 모드로 살고 있다. 머리가 맑은 날에는 드라마를 쓰고 머리가 멍한 날에는 드라마를 본다. 그도 저도 지치는 날에는 아이디어를 얻어볼까, 하는 심정으로 여기저기 전화를 돌린다.

식탁에 앉아 제일 먼저 내 절친인 오빠에게 전화했다. 비혼인 오빠가 말한다.

"나를 주인공으로 두 여자가 한꺼번에 나를 좋아하는 드라마 좀 써줘. 내 평생소원이 삼각관계에 한번 빠져보는 건데 이생에서는 틀렸으니 드라마라도 좀 써봐."

내 마음의 말:

"오빠, 삼각에 앞서 이각이라도 먼저 어떻게 해보는 게 어떨까요?"

애처로운 마음에 오빠를 어떤 사람으로 설정할지를 물어보면, 그런 거 필요 없고 그냥 여자들이 보기만 하면 반하는 캐릭터로 만들어달란다. 대체 그런 캐릭터가 있기나 해? 마성의 카사노바 캐릭터, 일단 접수! 밥을 먹으며 통화 내용을 들은 아들은 통화가 끝나자 "엄마가 쓰는 주제는 일단 대중적이지가 않아. 사람들은 예술 영화 안 좋아해."라고 한다.

이노무시키, 키워놨더니 뭘 안다고 훈계이다. 나는 또 깨달았다. 묻지 않을 때는 충고하지 않는 것이 낫다는 걸.

나는 사춘기 아이가 엄마에게 대들 듯이 툭 쏘았다.

"내가 알아서 할게."

말하고 보니 이거 뭔가 찜찜하다. 또 참견을 들을까 봐 슬그러니 내 방으로 들어왔다. 친구에게 전화했다. 친구는 다짜고짜 일단 드라마 속에서 결혼제도를 바꾸라고 한다. 모든 결혼이 3년 만기로 끝나는 설정을 하고, 계속 살고 싶은 사람은 세금을 3천만 원쯤 내야 하는 이야기. 그래서 더 살고 싶어도 돈 때문에 할 수 없이(?) 헤어지고 또 다른 사람이랑 결혼하는 이야기를 써달라고 한다.

이거 뭔가 냄새가 난다. 아니, 그런 사사로운 감정 말고 좀 그럴싸한 이야기 없냐고 묻는 내게 꽥 소리를 지른다.

"지금 당장 그것이 시급하다고!"

드라마가 앞서가야 제도가 따라갈 것 아니냐며 나더러 작가정신이 없다고 난리이다. 이건 뭐, 현장에서 민원을 접수하는 공무원도 아니고.

부모의 반대로 헤어지는 이야기.. 왜 진부하지 않지?

주변에서 아이디어 얻기를 실패한 나는 인터넷으로 돌아왔다. 영화 사이트에서 이런저런 영화를 검색하다가 영화 〈노트북〉을 발견했다. 2004년 개봉하고 2016년에 재개봉했던 그 영화. 나는 이 영화를 네 번 봤다.

스토리는 뻔한데 볼 때마다 자꾸 빠져든다. 라이언 고슬링의 매력적인 눈빛과 레이첼 맥아담스의 사랑스러운 미소, 결정적으로 내가 가장 좋아하는 음악이 나온다. 쇼팽의 프렐류드 4번. 이 곡이 나올 때마다 나는 번번이 무너진다. 쇼팽 씨는 어쩌자고 이런 곡을 만들었을까?

〈노트북〉은 이 글 첫 문단에 쓴 '애정극의 정석'을 거의 충족시키는 전형적인 영화이다. 뻔한 이야기를 어떻게 뻔하지 않게 표현했는지 이번에는 관객 입장이 아닌, 작가의 입장으로 다시 들여다볼까 한다.

이 영화는 노아라이언 고슬링 분 와 앨리레이첼 맥아담스 분의 사랑 이야기이다. 로맨스 소설의 대가인 니콜라스 스파크스의 원작을 바탕으로 제작되었으며 그의 장인, 장모의 실제 이야기로 알려져 있다. 물론 각색은 되었지만.

노을이 진한 아름다운 호수에 나룻배 한 척이 떠다닌다. 그 나룻배는 새들과 함께 하얀 집을 향해 들어오고 그 장면 위로 "나는 특별하지 않고 그냥 보통 사람이다. 내 이름은 곧 잊히겠지만, (중략) 난 온 마음과 영혼으로 한 여인을 사랑했고 그것만으로 여한 없다."라는 할아버지의 내레이션이 흐른다. 그리고 그가 어느 할머니에게 가서 노트를 읽어주는 장면으로 영화는 시작된다.

노아는 친구와 놀러 간 카니발에서 앨리를 보자마자 큐피드의 화살을 맞은 듯 사랑에 빠진다. 환하게 웃는 앨리의 모습을 보는 노아. 이 순간 매초가 나노 단위로 잘리며 시간이 정지한 듯 느리게 흘러간다. 앨리에게 다가가는 노아. 그런데 막무가내로 데이트 신청하는 장면은 불편하고 위험하다. 놀이기구 관람차에 매달려 데이트 안 받아주면 뛰어내리겠다고 떼를 쓰는데, 자해공갈단도 아니고 놀이기구에서 저런 장면은 자제하기.

첫 데이트. 둘이 춤을 추는 장면에서 빌리 홀리데이의 'I'll be seeing you'가 흘러나온다. 이 노래는 이 영화를 관통하는 키워드이다. 음악으로, 장면으로, 대사로 변주되며 영화 전반에 흐르고 있다. 둘은 폭풍처럼 서로에게 빠져든다. 하지만 앨리는 부잣집 딸, 노아는 목재소에서 일하는 노동자. 결국 앨리 부모님의 반대로 둘은 헤어진다. 이런 건 전형적인 이야기. 하지만 음악과 영상과 주인공들의 연기력 때문인지 진부하게 느껴지지는 않는다. 이런 부분은 배우들의 연기력에 의존해야겠다.

명절 끝, 화가 났다가 즐거웠다가 한다면

7년의 세월이 흐르고 약혼자가 있는 앨리는 우연히 노아의 소식을 접하고 홀리듯 그를 만나러 간다. 예상대로 둘은 자식들을 낳고 잘 살았다. 영화의 반전은 노트를 읽어주는 할아버지가 노아이고 이야기를 듣는 할머니가 앨리라는 것. 앨리는 치매로 인해 기억상실이 왔고 둘의 사랑을 기록한 노트를 매일 노아가 읽어준 것이다.

잠시 앨리가 기억이 돌아왔을 때 둘은 'I'll be seeing you'에 맞춰 다시 춤을 추고, 두 사람이 나란히 한 침대에 누워, 세상과 마지막 작별 인사를 할 때 노아는 앨리에게 "I'll be seeing you."라고 말한다.

첫사랑, 불치병, 치매로 인한 기억상실, 신분 차이, 부모님의 반대, 쟁쟁한 경쟁자 등 소재는 별다를 게 없는데 많은 사람이 공감하고 좋아하는 영화이다. 그렇다면 뭔가 신박한 소재를 찾는 것보다 일상적인 이야기이지만 그 속에서 감동을 끌어내는 게 핵심인데, 그러려면 깊숙이 들여다보고 디테일을 살려야 한다는 깨달음이 왔다. 처마 밑의 파랑새를 밖에서만 찾을 뻔했다.

결론적으로 〈노트북〉은 영혼을 정화하는 아름다운 영화이다. 슬프고 우울하고 화나고 외로울 때 위로가 되는 영화.

명절 끝에는 심신이 미약해진다. 몸이 피곤하니 화도 났다가, 그래도 개중에 반가운 얼굴도 있으니 반짝 즐겁다가, 또 돈이 많이 나가니 통장은 가볍고 마음은 무겁다. 이럴 땐 이런 영화가 힐링이다.

이미 개봉한 지가 좀 됐으니 봤다 해도 다 잊어버렸을 터. 고생한 나를 위로해줄 이 영화를 다시 보며 열불 나는 마음 온도를 낮춰보자.

_ 내 마음 위로해줄, 멜로드라마의 정석 〈노트북〉
19.09.14

12세 아들에게 엄마가 말했다
"너 때문에 12년을 허비했어"

남편과 불화를 겪는 친구 A가 있었다. 나와 친구 셋은 A를 위로하기 위해 한자리에 모였다. 위로의 최고봉은 같이 욕해주기. 객관적인 이야기는 하등 쓸모가 없다. 자신의 문제점과 해결점은 본인이 더 잘 알기 때문이다. 맘이 풀릴 때까지 불문곡직 같이 욕해주면 된다.

슬그머니 그 정도까지는 아니라는 내색을 비출 때쯤엔 눈치껏 멈춰야 한다. 위로한답시고 너무 가도 문제이다. 그 시간이 지나고 보면, 남들이 내 배우자를 너무 바닥으로 보는 것도 속상하니까. 술이 좀 들어가자 정의감 넘치고 다혈질인 B가 A에게 말했다.

"너 정도면 얼마든지 더 좋은 사람 만날 수 있어. 당장 헤어져 버려."

A는 그러고 싶지만, 아들 때문에 그럴 수는 없다고 했다. A는 늦은 나이에 결혼하고 아들을 낳아 아직 아들이 초등학교 저학년이었다. B는 말했다.

"지 새끼 지가 잘 키우겠지. 아들 놔두고 집 나와. 네가 그렇게 물러 터지니 네 남편이 정신 못 차리고 그러는 거야."

말이 좀 심한 것 같아서 나는 "너라면 애들 놔두고 나올 수 있어?" 물었고, 친구 B는 당연하다고 했다. 간담이 서늘했다.

나도 남편과 다툴 때가 있고 보따리를 싸서 친정으로 갈 때도 있었다. 하지만 두 아들과 함께이거나, 상황이 여의치 않아 떨어져 있을 땐 남편 몰래 아이들과 연락을 주고받았다. 한 번도 아이들과 떨어지는 것을 상상해본 적이 없다. 곰곰이 생각해보니 내가 모성애가 남달리 깊어서는 아니고 아이들과 친밀해서 그런 것 같다.

큰아들은 초등학교 때부터 용돈을 주면 학교 근처 분식집에서 떡꼬치 같은 것을 사 먹고, 맛있으면 나 주려고 꼭 한 개를 들고 왔다.

"엄마, 진짜 맛있어. 먹어봐."

맛있으면 뭐든 사서 들고 오는 나를 보고, 아이도 따라 하는 것이다. 이런 것을 보면 아이가 남편보다 낫다. 그러니 만에 하나 남편과 못 살더라도 아이들과 떨어지는 상상을 할 수가 없다.

이런 상황의 최대 피해자는 아이니까

B는 자신의 선택에 현실적인 이유를 들었다. B의 남편은 개인사업을 해서 경제적으로 윤택하다. 그러니 아이들이 아빠랑 있는 게 낫다는 것이다. B는 아이들 키우느라 경력이 단절되어 갈 데도 없고, 식당 같은 곳에서 일해야 하는데 그 월급으론 아이들을 키우기 힘들다. 물론 양육비를 주겠지만 법적 양육비는 현실적으로 부족하니까. 아빠랑 살게 하더라도 아이들과는 주기적으로 만날 거라고 했다.

들고 보니 영 틀린 말은 아니다. 나도 감정적으론 아이들과 함께이지만 현실적으론 아닐 수도 있겠다는 생각을 그때 처음 해보았다. 어쩌다 보니 이야기의 주제가 A의 부부싸움 위로에서 아이의 양육 문제로 넘어가 있었다. 부부가 헤어질 때 아이가 '누구랑 사느냐?'도 중요하지만, '얼마만큼 설명을 듣고 상황을 이해했느냐?'가 더 중요한 것으로 우리는 중지를 모았다.

　"엄마, 아빠는 헤어지지만, 너에 대한 사랑은 변함없어."
"너를 버리는 게 아니고, 네 잘못은 더구나 아니야." 같은 이
야기를 해야 한다. 이런 상황이면 나이가 어릴수록 분리불
안이 심할 테니 더 많은 스킨십과 애정 표현이 필요하다. 아
이가 소외되지 않도록. 이 상황의 최대 피해자는 아이니까.

　영화 〈러브리스〉는 이에 관한 이야기이다. 제냐와 보리스
는 이혼을 앞두고 있다. 서로에겐 이미 미래를 약속한 새 연인
이 있다. 헤어지기로 했으니 조용히 정리하면 좋으련만, 이 부
부는 마주치기만 하면 서로를 향해 날카로운 비수를 날린다.

　이 냉랭한 집안에는 열두 살 아들 알로샤가 있다. 같은 공
간에 있는 아이의 존재를 잊은 듯 두 사람은 서로 아이를 떠
넘기려 큰소리를 낸다. 아이에게 무슨 일이 벌어지고 있는
지, 아이의 안위는 어떻게 보장되는지 누구도 알려주지 않
는다. 아이는 곧 버려질 자신의 신세를 화장실 문 뒤에서 듣
게 되고, 충격과 슬픔에 온 입을 틀어막고 흐느낀다. 두 사
람이 날린 비수를 아이는 홀로 서서 다 맞고 있었다. 하지만
아이가 흘리는 피눈물을 부모는 보지 못한다.

멍하게 창밖만 바라보던 아이의 모습

제70회 칸 영화제에서 심사위원상, 2018 세자르 영화제에서 외국어 영화상을 받은 이 영화는 러시아를 배경으로 하며 계절은 겨울이다. 화면을 지배하는 청회색은 서늘함을 자아내고 영화 전반에는 배경음악이 거의 없다. '러브리스' 즉, '사랑 없는'이라는 말의 삭막함, 쓸쓸함, 고독을 화면 전체로 뿜어내고 있다.

감독 안드레이 즈비아긴체프는 전작인 〈엘레나〉와 〈리바이어던〉으로 칸 영화제뿐만 아니라 여러 영화제에서 상을 받은 이력이 화려한 감독이다. 주로 소외된 개인이나 부조리한 인간의 내면을 심도 있게 그려낸다. 이 작품은 그런 작품들 사이에서 최고인 것 같다.

새벽에 침대에 걸터앉아 멍하게 차디찬 창밖을 바라보던 알로샤의 모습을 잊을 수가 없다. 정처가 없는 아이의 모습에 내 마음도 길을 잃었다. 아침이 되고 아이는 엄마가 준비해준 아침을 먹는다. 엄마는 휴대전화만 보느라 아이의 절망을 보지 못한다. 아이는 눈물을 훔치며 학교로 향한다. 그리고 사라진다. 아이가 사라진 줄도 모르는 부부는 각자의 연인들과 뜨거운 시간을 보내고, 학교로부터 이틀 동안이나 아이가 결석했다는 전화를 받고서야 아이의 부재를 알게 된다.

알로샤는 초반에 이렇게 잠깐 등장하고 다시는 나타나지 않는다. 영화는 끝끝내 아이의 행방을 알려주지 않는다. 경찰도 아이의 실종에 무관심한 가운데, 자원봉사자로 꾸려진 민간단체의 노력이 인상 깊다. 아마도 감독은 냉혹한 현실 속에서도 사회가 돌아가는 힘은 이런 소시민들의 정의감과 소신임을, 더 나아가 인류애는 여전히 존재함을 보여주고 싶었나 보다.

영화를 보고 잔상에 시달리던 나는 메이킹 필름을 찾아보았다. 영화를 볼 때는 내 눈물도 얼어붙었는지 한 방울도 흘러나오지 않았는데 이것을 보고는 터져 나오고 말았다.

부패한 사체를 보며 아들인지 아닌지 확인하는 영화의 클라이맥스 장면이었다. 제냐는 아들이 아니라고 했다. 아들은 가슴에 사마귀가 있는데 이 아이는 없으니 아니라고 절규했다. 그래서 나는 아닌 줄 알았다. 카메라가 스치듯 사체를 비출 때도 부패 정도가 심해서 알아볼 수 있겠냐는 생각을 잠깐 했지만 아이 엄마가 아니라니까 아닌 줄 알았다.

이 장면을 촬영하면서 엄마, 아빠 역을 맡은 배우들에게 상황을 설명하던 중 감독은 갑자기 말을 멈췄다. 그리고 감정을 주체할 수 없었는지 한참을 머뭇거리다가 눈물을 흘렸다.

비로소 생각이 들었다. 시체가 알로샤일지도 모른다는. 그러고 보니 그다음 대사도 인상적이다. 검시관은 자식의 죽음을 부정하는 부모들을 많이 봐왔다며, 정확성을 기하기 위해 유전자 감식을 해보자고 한다. 제냐는 극렬히 저항한다. 아닌데 왜 하느냐는 거다. 그리고 남편 보리스는 벽에 기대 주저앉아 얼굴을 감싸고 오열한다. 제냐도 보리스도 어쩌면 알았구나.

생각할수록 나를 부끄럽게 만드는 말

영화는 각자의 연인과 삶을 꾸린 제냐와 보리스의 몇 년 뒤 모습을 보여주며 끝이 난다. 새로운 사랑을 찾아 가정을 꾸렸지만, 그들의 공허한 표정에 사랑은 또 없다. 메이킹 필름에 나오는 감독의 말이 가슴에 남는다.

"열두 살밖에 안 된 아이가 자신의 삶을 후회하는 일이 대체 왜 생겨나는 걸까? 자신이 살아온 길이 전부 잘못되었다고 생각한 걸까? 엄마는 아이에게, "12년이나 허비했어. 네가 그것을 알기나 하니?"라고 말한다. 왜 그런 말을 했을까? 사람을 목적으로 대해야 한다는 사실을 잊은 것이다. 사람을 수단으로 생각한 것이지. 우리는 타인을 수단으로밖에 여기지 않는다. 그리고 그걸 사랑이라 부르고 있다."

생각할수록 나를 부끄럽게 만드는 말이다.

5월은 가정의 달. 아이들에게는 〈뽀로로〉나 〈어벤져스〉를, 보기 불편하지만 깊은 생각을 하게 만드는 이 영화는 어른들에게 추천하고 싶다. 특히 아이가 있는 어른들에게 꼭.

_ 가정의 달 5월, 어른들이 꼭 봐야 하는 영화 〈러브리스〉
19.05.10

영화 〈벌새〉 보러 가는 길..
육두문자가 나왔다

영화 〈벌새〉를 보러 가는 길, 폭우가 쏟아졌다. 조수석에 앉은 친구가 시선을 창밖에 둔 채 말했다.

"어제 자기가 쓴 글 읽고 울었어. 내가 글을 읽다가 눈물을 흘린 건 처음이야."

어제 기사로 올라온 글이라면 《엄마는 누가 돌봐주죠?》라는 책의 서평인데, 그게 그리 감동적인 글이었나를 생각하는데 친구가 덧붙였다.

"내가 살아온 인생이 생각나서… 어떻게 그렇게 살았는지 모르겠어."

친구는 가슴속 이야기를 쏟아놓았다.

은희이자 은희 엄마였던 사람들

친구는 딸이 둘이다. 둘째 아이를 출산하는 동안 큰아이를 돌봐주러 시골에서 올라온 친정엄마에게 남편은 자기가 집에 있을 테니 장모님이 병원에 가라고 했단다. 친정엄마는 그래도 남편이 같이 가야지, 하며 남편의 등을 떠밀었고 마지못해 따라나선 남편은 둘째가 딸인 걸 알자, 술 마시러 가버렸다.

태어난 아기를 보러 병원에 온 친정엄마는 이 사실을 알고도 행여 분란이 커질까 봐 아무 소리 못 하고 등 돌리고 눈물을 흘렸다. 친구는 친구대로 엄마가 더 속상할까 봐 아무렇지 않은 척했다.

남편은 주식과 경마에 월급을 탕진하고 빚더미에 앉았고, 친구는 살아야 하니까 전공을 살려 공부방을 열었다. 어린 딸 둘을 시설에 맡길 돈을 아끼느라 안방에 갓난아이를 눕혀놓고 건넛방에서 수업을 했다. 아이들이 문제를 푸는 시간에 안방으로 건너와 젖을 물리고 우는 아이 소리가 수업에 방해될까 봐 낮에 재울 요량으로 밤이면 밤새 아이와 놀았다. 그렇게 밤낮으로 몸을 움직여 번 돈으로 아이들을 학교에 보내고 밥을 먹여 25년간 키웠다. 친구가 돈을 벌자 남편은 아예 생활비를 주지 않았다.

여기까지 듣다가 나는 친구에게 잠깐 귀를 막아달라고 부탁했다. 어리둥절한 친구에게 나는 지금 곧 욕이 나올 것 같으니 제발 좀 막으라고 했고, 친구는 자기 대신 시원하게 날려달라고 했다. 마음과는 달리 안타깝게도 참신한 육두문자가 떠오르지 않았다.

아이들을 키우면서 위기는 수시로 닥쳐온다. 아프기도 하고 넘어지고 찢어지는 사고가 나기도 한다. 그때마다 친구는 그 모든 순간을 오롯이 혼자 감당했다. 아이들에게 결손가정이라는 딱지를 남겨주고 싶지 않아서 그저 견디고 또 견디며 자신의 삶을 갈아 넣었다. 그 가슴속의 분노가 내 글을 읽고 다시 소환되었다. 이런 기억은 언제라도 끄집어내 털어내고, 뽀송해질 때까지 말리고 풀릴 때까지 풀어야 할 한이다. 그리고는 어디서 많이 들어본 한마디가 날아왔다.

"내 인생을 책으로 쓰면 못해도 열 권은 나올 거다."

울다 웃다 보니 극장에 도착했다.

〈벌새〉, 전 세계 25개 영화제에서 수상한 이 영화는 상당히 묘하다. 1994년을 통과하는 중학교 2학년의 은희박지후 분의 일상을 잔잔히 보여주는데, 그 묘사가 깊다. 깊은 감정선이 여전한 삶의 단면을 층층이 보여준다. 지극히 개인적인, 그러나 그 개인적인 무엇을 넘어서는 힘이 느껴지는 영화.

은희보다 조금 앞선 시대를 통과한 나는 영화를 보면서 은희가 되었다가 은희 엄마가 되었다가 했다. 삼대독자늦둥이 남동생이 태어나기 전까지 오빠가 있는 나는, 존재하면서도 잘 보이지 않았다. 존재감이 없으니 기대치도 없었고, 그게 그리 힘들거나 슬픈 일은 아니었는데, 영화를 보면서 내 어린 시절과 은희의 모습이 묘하게 겹치면서 애처로움 같은 것이 올라왔다.

또 은희의 애타는 부름을 듣지 못하는 은희 엄마의 김빠진 맥주 같은 모습이 혹시 지금의 내 모습은 아닌지. 내 일에 빠져, 내 생각에 빠져 나를 애타게 부르고 있는 내 아이들의 외침을 놓치고 있는 건 아닌지 마음 한켠이 찌르르 떨려왔다.

영화는 가정 내 빈번히 일어나는 폭력과 방임, 또 이 속에서도 함께 흐르는 가족애(?) 같은 것을 동시에 보여준다. 평소에는 가부장적이고 은희를 거들떠보지도 않던 아빠정인기분가 은희의 목에 혹이 생겼다면서 큰 소리로 오열한다든지, 권위적이고 은희에게 폭력을 행사하던 오빠^{손상연} 분가 성수대교 붕괴 후 언니^{박수연} 분의 안도 소식에 울음을 터트린다든지 하는 식으로 말이다.

피를 보는 부부싸움 후에 태연히 웃으며 TV를 보는 장면은 '부부싸움은 칼로 물 베기'라거나, 싸우고 때리고 난리를 쳐도, 결국 가족은 가족임을 보여주는 것 같았다.

그래, 이게 현실의 가정이지 싶지만, 이해는 하는데 공감하기는 싫었다.

남은 수많은 질문들

개인의 고통은 가족이라는 이름으로 덮어버리기에는 그리 만만하게 다뤄져서는 안 되는 것이다. 그건 가족이란 이름으로 참고 참기만 했던 내 친구에 대한, 그리고 어린 시절 가정폭력으로 성인이 되고도 그 상처의 굴레에서 벗어나지 못하고 방황하는 수많은 사람에 대한 모독이 될 테니까.

큰일이 일어났을 때만 돌아보는 것은 가족이 아닌 누구라도 가능한 일이다. 혹시 감독은 이 영화를 통해 이런 불편함을 유발하려 했을까? 옳다 그르다 판단하는 대신 그저 보여주기 방식으로.

은희가 다니는 한문학원 선생님 영지김새벽 분는 명언 제조기이다. 그의 입에서는 일상을 관통하는 질문과 언어들이 시냇물처럼 끊임없이 흘러나온다. 은희와 지숙을 앞에 두고 교우를 설명하는 연지가 칠판에 '상식만천하 지심능기인相識滿天下 知心能機人'이라고 쓰고, "얼굴을 아는 사람 중에 속마음을 아는 사람은 몇이나 될까요?"라고 묻는다.

"사람 좋다."는 말을 듣고 싶은 나는 상대에 따라 상대의 입맛에 맞게 조리된 마음을 보여주곤 했다. 나는 이것이 관계의 배려라고 생각했는데, 이 질문에 갑자기 한 방 얻어맞은 느낌이 들었다.

"어떻게 사는 것이 맞을까? 어느 날 알 것 같다가도 정말 모르겠어. 다만, 나쁜 일들이 일어나면서도 기쁜 일이 함께한다는 것. 우리는 늘 누군가를 만나 무언가를 나눈다는 것. 세상은 참 아름답다."

라고 말하는 영지의 대사는 대단히 의미심장하지만, "세상은 참 아름답다."라는 말이 "왕자와 공주는 결혼해서 행복하게 살았습니다."처럼 내게는 공허했다.

영화는 잔잔한 미소와 거친 분노와 황당함, 억울함, 소소한 행복, 상실, 우정과 같은 다양한 결을 보여주며 많은 질문을 던진다. 그 질문들이 내 삶을 건드리고 추억을 소환하고 시대를 돌아보게 만든다.

영화가 끝나고 친구와 나는 영화에 관한 이야기를 나누었다. 은희 외삼촌과 은희 엄마 사이에는 무슨 일이 있었을까? 은희와 엑스를 맺은 후배는 왜 갑자기 변심했을까? 등등 장면에 등장하지 않은 이야기들을 유추했다.

돌아오는 길에도 비는 계속 쏟아졌다. 조수석에 앉아 창밖을 무심히 보던 친구가 은희의 대사를 나지막이 되뇌었다.

"내 삶도 언젠가 빛이 날까?"

나는 "당연하지."라고 말하려다 어쩐지 말을 삼켰다. "빛이 안 나면 어때? 그냥 살면 되지."라는 말도 삼켰다. 둘 다 "세상은 참 아름답다."는 말처럼 공허했다. 친구의 지난한 삶이 1초에 최대 90번의 날갯짓을 해야 날 수 있다는 그 '벌새' 같았다.

허기진 몸과 마음을 채우러 쏟아지는 비를 뚫고 우리는 밥을 먹으러 갔다. 보글보글 끓어 넘치는 추어탕 뚝배기에 밥을 말며 나는 속으로 말했다.

"내가 그렇게 볼게. 네 삶이 빛이 나든 안 나든, 눈이 부시게 내가 너를 그렇게 볼게."

_모든 은희와 그 가족에 대해
19.09.08

하정우 눈빛이 왜 저래?
10년 전 그날, 그가 내게 한 일들

십 년 전, 그날을 잊지 못한다. 별생각 없이 뒹굴거리던 저녁에 도착한 문자.

"내일 영화 보러 가자. 조조니까 10시까지 CGV로 와."

네 명 친구들의 단톡방이다. 나는 사전에 무슨 영화인지 잘 찾아보지 않는다. 그래야 편견 없이 볼 수 있고 기대 때문에 실망하는 일도 없다. 몰라야 본전일 때가 많다.

전에 〈버닝〉을 볼 때도 19금이라는 소릴 듣고 쓸데없이 설레었다가 남모르게 실망했다. 옴므든, 팜므든 파탈 멜로를 기대했는데 그런 영화가 아니었다. 무라카미 하루키의 원작 소설을 영화로 만든 건데 무식하게도 내가 헛된 기대를 한 셈이다. 19금이긴 하나, 그런 19금은 아니다.

액션물이겠거니 안일하게 생각했던 그때

극장에 도착하니 제목이 〈추격자〉란다. 액션물인가 보다. 액션 장르를 별로 좋아하지 않지만 영화 끝나고 점심이나 먹으며 수다 떨 생각에 별 저항 없이 광고 시간에 커피를 마셨다. 사실 나는 '미어캣'이다. 늘 주변을 두리번거린다. 옆에서 누가 큰 소리만 내도 온 어깨가 들썩일 정도로 소스라치게 놀란다. 학대를 당했다거나 무슨 사연이 있는 것도 아닌데, 왜 그런지 곰곰 생각해보면 아마도 간이 작은 게 분명하다. 불행히 위는 크다.

그러니 공포 영화는 언감생심. 심지어 코미디 영화에서 웃기려고 놀래키는 장면에서 뻔히 보이는데도 놀라서 들고 있던 음료를 쏟는다. 내 뒷자리에 앉은 사람은 뜻밖의 팝콘 무상급식을 받기도 한다.

"너 때문에 더 놀랐잖아." 내가 극장에서 제일 많이 듣는 말이다. 너무 잘 낚여서 스스로가 한심할 때도 있다.

〈추격자〉는 연쇄 살인범 유영철을 모티브로 만든 영화로 전직 형사였던 보도방 사장 김윤석이 연쇄 살인범 하정우를 쫓는 이야기이다. 초반부터 하정우는 자신이 여자들을

죽였다고 패를 까지만, 긴장감은 끝날 때까지 끝나지 않는
다. 나는 이런 영화인지 꿈에도 몰랐다. 세상에나! 사람 머리
에 망치로 정을 치다니. 자동으로 몸이 의자 밑으로 기어들
어 갔다. 소리도 무서워서 두 손으로 귀를 막았다. 민방위 훈
련도 아니고, 내 돈 내고 무슨 짓인지.

이어폰이라도 가져왔음, 이럴 때 바흐의 무반주 첼로를
들으며 두려움을 떨쳐내고 평정심을 유지할 텐데. 대신 눈
감고 귀 막고 속으로 애국가를 5배속으로 4절까지 불렀다.
갈수록 이거 뭔가 촉이 좋지 않다. 제목만 액션의 탈을 쓴
공포이다. 이승철 오빠 노래처럼 "밖으로 나가 버리고" 싶
었다.

우리 넷 중 가장 용감무쌍 무대뽀는 당시 늦둥이 셋째를
임신한 친구 A였다. A는 스크린을 한 번 보고, 겁에 질려 엎
드린 나를 한 번 보고는 사이코패스 같은 오묘한 미소를 짓
는다. 나는 오로지 친구를 위하는 마음으로 낮게 속삭였다.

"이거 태교에도 안 좋을 거 같아. 우리 나가자."

내 머리 꼭대기에 서 있는 그녀가 낮게 화답했다.

"괜찮아. 나 이런 영화 좋아해."

임신 7개월쯤이라 배가 상당히 불렀는데 아마도 반은 간

덩이일 것이다.

아무리 귀를 막아도 몰려왔던 공포

나 다음으로 겁이 많은 친구 B를 공략했다. 그녀도 벌써 주먹을 꽉 쥐고 눈을 감았다 떴다, 를 반복하고 있었다. 나는 몸을 의자 밑으로 최대한 숙여 스크린이 눈에 들어오지 않게 숨었다. 몸이 쥐며느리처럼 말렸다.

"야, 나가자." 난감한 표정의 그녀는 "쫌만 있다가 나가자."고 말한다. 경제관념이 철저한 친구라 본전의 반도 못 뽑았으니 무서워도 참는 것 같다. 돈이 더 무섭다. 친구 C는 좀처럼 약한 모습을 보이지 않는 묵직한 친구이다. 감정을 알 수 없는 포커페이스 같은 얼굴로 묵묵히 화면을 보고 있다. 애타는 눈빛을 보내는 내게 눈길조차 주지 않는다. 나중에 들으니 너무 긴장해서 그랬단다.

닭의 모가지를 비틀어도 새벽은 오고, 아무리 귀를 막아도 공포는 온다. '4885' 번호를 부르는 소리가 난다. 고개를 빼꼼히 들어 화면을 올려보았다. 추격이 시작되었다. 치고받고 하더니 하정우가 잡혔다. 이렇게 잡히는 건가? 천만다행이다 싶었다.

근데 웬걸. 경찰서에 잡혀간 두 사람 중 김윤석이 수갑을 차고 있다. 이야기가 풀릴 듯 말 듯 이상하게 풀려간다. 감독이 요물이다. 아주 사람을 들었다 놨다 한다. 답답한데 억지스럽지가 않다. 하정우는 눈빛이 왜 이런 거야? 사람 선하게 생겨가지고 저러니 소름이 더 끼친다.

널리 알려진 전설의 슈퍼마켓 장면. 슬핏 본 장면에서 여자의 손끝이 떨리는 걸 보았다. 삼십 대에 요실금 올 뻔했다. 이후는 어찌 되었는지 모르겠다. 거의 의자 밑에 껴 있었고 너무 무서워서 일어서서 나갈 수도 없었다. "님은 갔지만 나는 님을 보내지 아니하였습니다"라는 시처럼 "나는 영화를 봤지만 영화를 보지 않았습니다."

집에 돌아와 다른 사람들의 리뷰 글을 읽고 무슨 내용인지 알았다. 대개는 가족들에게 영화 내용을 상세히 이야기해주는 편인데 이 영화는 "진짜 무서워."밖에 할 말이 없었다.

생애 첫 스릴러 영화의 날카로운 추억

영화가 끝나고 우리는 샤부샤부를 먹으러 식당에 갔다. 어찌나 움츠렸던지 목과 어깨에 담이 왔다. 부항을 떠야 하나? 당시 2월이라 추운 날씨였는데 몸에서 한기가 빠지질 않았다. 아이 낳은 지 십 년도 넘었는데 몸조리를 다시 해야 할 판이다. 기가 다 빠져서 입맛도 없다.

다들 영화 한 편 봤을 뿐인데 녹초가 되었다. 어떤 내용인지는 알았지만 이 정도일지는 몰랐단다. 임산부 친구 A만 여유롭다. 외려 "그렇게 무섭냐?"라며 나를 보며 웃는다. 샤부샤부도 잘만 먹는다.

독한 것! 사람이.. 무서우라고 만들어놨으면 예의상이라도 벌벌 떨어줘야지, 인정머리가 없다. 사실은 그 담대함이 부럽다. 어찌 됐든 생애 첫 스릴러 영화를 무사히(?) 보았다.

요즘 시나리오 쓰기에 관심이 생겨 공부를 시작한 나는 시나리오 관점에서 이 영화를 다시 보게 되었다. 그때는 너무 무서워서 보이지 않던 것들이 보였다.

〈추격자〉는 단순한 스릴러 영화가 아니다. 무능하고 부패한 공권력에 대한 풍자, 성을 파는 여자들에게 자행되는 끔찍한 범행들과 사람들의 무관심, 진실을 알고자 하는 개인의 무력감, 책임 회피를 위한 눈감아주기 등등, 현실과 너무나 맞닿아 있다. 거기에 숨 막히는 이야기 전개로 재미와 의미를 다 잡은 작품이라는 생각이 든다. 게다가 미친 연기력들. 하지만 그렇다고 두 번 보고 싶지는 않다는 게 함정.

이 영화의 엔딩이 수정되었다는 글을 보았다. 원래는 머리 잘린 미진이 죽기 전 더 괴롭힘을 당하고, 심지어 죽고 나서도 마지막 두 남자의 격투 장면에서 그녀의 잘린 머리가 흉기로 쓰이는 엽기적인 장면이 있었단다. 너무 잔인해서 수정했다는 글을 읽고 이 명대사가 떠올랐다.

"고만해라, 마이 무따."

_난생처음 극장에서 스릴러 영화를 봤더니..
18.09.01

어린 딸 팔고 또 임신한 엄마에게,
아들이 날린 촌철살인

SNS상에서 〈가버나움〉을 '최고의 영화'라고 꼽는 사람들이 많았다. 포스터에 나온 아이의 눈빛만 봐도 삶은 달걀 열 개는 삼킨 듯 목구멍이 막히고 뭉클한 신물이 올라왔다.

흔히 "책은 도끼와 같다."라고 한다. 고정된 사고를 내리 찍는 도끼. 어쩌면 영화도 그렇다.

통째로 흔들릴 마음의 준비를 하고 영화관을 향했다. 생각할 거리를 던져주는 이런 영화들은 어찌 된 일인지 상영관이 많지 않다. 더구나 상영 시간도 오전 아홉 시 단 한 차례.

십여 명의 사람들이 여기저기 흩어져 앉았다. 대체로 혼자 온 사람들이다.

영화 제목 '가버나움'이란 이스라엘의 갈릴리 바닷가에 있던 마을로 예수가 수많은 기적을 일으켰다는 곳의 이름이다. 그럼에도 불구하고 사람들이 회개하지 않고 믿지 않았기 때문에 몰락한 곳. 감독은 이 혼돈의 빈민가 레바논 베이루트에 기적이 일어나길 바라는 마음으로 제목을 이렇게 붙였다고 한다.

레바논 출신의 여성 감독 나딘 라바키가 각본에 참여하고 연출, 조연배우까지 1인 3역을 맡은 영화이다. 제71회 칸 영화제 심사위원상 수상, 전 세계 유수 영화제 관객상 8관왕, 〈뉴욕타임스〉 올해의 영화 톱 10, 제76회 골든 글로브 시상식에서 레바논 최초 외국어 영화상 후보 등 많은 영화제를 휩쓸었다.

감독은 주요 배우들을 실제 경험이 있는 인물들로 길거리에서 캐스팅했다. 주인공 자인 역의 자인 알 라피아는 시장에서 배달 일을 하는 시리아 난민 소년이었다. 라힐 역의 요르다노스 시프로우는 불법체류자였으며, 한 살배기 요나스 역의 보루와티프 트레져 반콜 또한 레바논에서 인종차별을 겪는 아이였다.

배우들은 칸 영화제 참석 일주일 전까지 법적으로 존재

하지 않는 사람들이었다. 출생에 관한, 혹은 국적에 관한 서류가 없는 사람들.

엄연히 존재함에도 존재하지 않는 삶을 살아가는 사람들이 있음을 알려주는 영화. 그들의 존재를 통해 우리가 알지 못했던, 혹은 알고도 외면했던 현실을 똑바로 마주하게 만드는 영화.

'자신을 태어나게 한 죄'로 부모를 고소한 소년

극 중 자인은 수갑을 차고 재판정에 섰다. 사람을 칼로 찌른 죄로 수감 중에 부모를 고소했기 때문이다. 자인이 주장하는 부모의 죄는 자신을 태어나게 만든 것.

자인은 출생신고도 되어있지 않고 그 부모도 그의 정확한 생년월일을 모른다. 치아 상태를 본 의사가 12세로 추정한다는 소견을 냈을 뿐이다. 자인의 부모는 마약 성분의 진통제를 교도소에 팔아 생계를 유지한다. 이 약품들을 수집하는 역할은 자인의 몫이다.

이외에도 자인은 길거리에서 주스를 만들어 팔고, 자기 덩치보다 큰 가스통을 배달하고, 슈퍼마켓을 청소하는 등

하루 종일 노동에 시달린다. 또래의 아이들이 버스를 타고 학교 가는 장면을 아이는 음료수 박스를 나르다 무심히 바라본다.

화면에 등장하는 동생들은 너무 많아 세기가 힘들다. 좁은 집 안, 어린아이들 사이에 막내 아기가 보인다. 멀리 가지 못하게 아기의 발을 기둥에 묶어두었다.

자인은 바로 아래 여동생 사하르㎖와 각별한 사이이다. 대화가 되지 않는 부모를 대신해 말이 통하는 남매 사이랄까. 길에서 주스를 만들어 팔던 자인은 바지에 피가 묻어있는 사하르를 보고 바로 공중화장실로 데려간다.

자인은 사하르를 변기에 앉히고 그녀의 피 묻은 속옷을 빨아 입히며 "부모에게 절대 비밀로 해야 한다."라고 말한다. 부모가 아는 순간 가임기 여성으로 간주되어 팔려 갈 게 뻔하기 때문이다.

자인은 입고 있던 민소매 티를 벗어 돌돌 말아 건네며 사하르에게 속옷 사이에 끼우라고 알려준다.

심장이 발끝까지 '쿵' 하고 떨어지는 기분이었다. 우리나라에서도 알려진 이야기. 생리대 살 돈이 없어 신발 밑창을 이용했다는 소녀들의 뉴스와 겹쳐 머리까지 띵했다.

자인의 눈물겨운 노력에도, 부모는 사하르를 조혼시킨다. 사실상 딸을 팔아버린 것이다. 이에 자인은 분노하고 무작정 집을 나온다. 하지만 어린아이가 갈 곳은 없다.

결국 그를 받아준 사람은 청소부로 일하는 불법체류자 라힐이다. 라힐은 젖먹이 아들 요하스를 몰래 혼자 키우는 여성이다. 자인은 라힐의 집에서 그가 일하러 간 동안 요하스를 돌본다. 짧지만 자인에게는 따뜻한 순간이었다.

영화 〈가버나움〉은 이처럼 손대면 부서져 버릴 살얼음처럼 연약한 사람들의 따뜻한 연대를 보여준다.

자인의 지옥 같은 삶, 그리고 슬픈 눈빛

그러던 어느 날 라힐이 불법체류자로 체포되어 집으로 돌아오지 못한다. 영문을 모르는 자인은 요하스를 데리고 라힐을 찾아 헤매지만 도무지 그를 찾을 수가 없다.

보는 내내 자인과 요하스의 살기 위한 투쟁이 눈물겹다. 끝까지 요하스를 지키려 하는 자인의 고군분투는 안타까움을 넘어서 고통스러운 탄성이 새어 나오게 했다. 객석 여기저기서 흐느끼는 소리가 났다.

영화를 보면서 흘리는 눈물은 보통 세 가지이다. 감동의 눈물, 슬픔의 눈물, 그리고 고통의 눈물. 지금 여기, 새어 나오는 울음은 고통의 눈물이다. 아이를 키워본 사람이라면 더더욱 한 장면도 빠짐없이 아팠을 것이다.

한순간도 눈을 뗄 수 없이 고단한 육아는 둘째 치고 거리를 돌며 아기와 먹고살아야 하는 자인. 결국 요하스를 입양 중개인에게 넘기고, 타국으로 가기 위해 신분을 증명해 줄 뭔가를 찾으러 집으로 돌아온 자인은 사하르의 죽음을 알게 된다. 격분한 자인은 칼을 들고 동생이 팔려 간 남자의 집으로 달려간다.

자인을 면회 온 엄마는 "신은 하나를 데려가면 하나를 주신다."라고 말한다. 무슨 말인지 묻는 그에게 엄마는 또 동생이 생겼다고 자신의 임신 소식을 알리며, 배 속 아이가 사하르처럼 딸이었으면 좋겠다고 한다.

자인은 억장이 무너지는 듯한 눈빛으로 엄마에게 말한다. "엄마의 말이 칼처럼 심장을 찌르네요. 다시는 나를 찾아오지 마세요."

그리고 재판정에서 자인은 말한다.

"신은 우리가 짓밟히길 바랍니다. 인생이 개똥같아요. 내 신발보다 더러워요. 우리 부모가 아이를 낳지 않게 해주세요."

자인의 입에서 쏟아지는 말들이 칼처럼 내 심장을 찔렀다. 한편으로는 이해도 되었다. 걸핏하면 얻어터지고 방치되고 학대당하는 지옥 같은 삶을, 태어날 동생이 살아가야 한다는 사실이 자인에게는 괴롭기만 한 것이다.

영화 〈가버나움〉은 보는 내내 관객을 고통스럽게 만드는 작품이다. 어디까지 현실이고 어디까지 허구인지 짐작조차 하기 어렵다. 그리고 극 중 자인을 가장 괴롭게 만드는 사람은 다름 아닌 부모이다. 그 부모는 자신들도 그렇게 살아왔고 남들도 다 그렇게 사는데 뭐가 문제냐고 되레 묻는다.

그 장면에서 나는 입술을 깨물었다. 관습이라는 이유로, 혹은 나도 그렇게 살아왔고 남들도 다 그렇게 산다며 "이게 다 너를 위한 거."라는 소름 끼치는 이유로 내가 놓쳐버린 것이 있는지 돌아보았다.

그리고 생각해본다. 자식을 낳는 것을 넘어선 부모의 자격은 무엇일까? 부모라는 이름으로, 권력으로 내가 내 자식의 심장을 찔렀던 적은 없었을까?

자인의 슬픈 눈빛에 한동안 잠들기는 어려울 것 같다.

_ '고통의 눈물' 흘리게 만드는 영화 〈가버나움〉
19.02.02

오드리 헵번에 이어 내 손까지 잡아준 작가..
괜히 뭉클

　　새벽까지 드라마 대본을 쓰다가 아침이 밝아 오면 깜빡 잠이 든다. 열 시가 채 되기 전 눈을 뜨고, 야심 차게 쓴 글을 다시 읽다 보면 전기세만 낭비했다는 생각이 든다. 어디서 본 듯하고, 진부하고, 새로울 것 없고, 주제도 선명하지 않고 재미도 없고….

　　그저 "내게 습작의 시간이 필요했다."라는 주문을 외우며 주섬주섬 가방을 챙겨 근처 도서관으로 향한다. 제1문헌실을 한 바퀴 돌고 제2문헌실로 올라간다. 그저 손 가는 대로, 눈에 잡히는 대로 이 책 저 책 뒤적이다 보니 두 시간이 훌쩍 지나간다.

　　이윽고 도살장에 끌려가는 소의 심정으로 미디어실 문을

연다. 노트북으로 작업할 수 있는 공간이다.

자주 가다 보니 눈에 익은 사람들도 몇 보인다. 다들 무엇을 하는지 고개를 처박고 저마다의 세상에 들어가 있다. 나도 조용히 한 자리를 차지하고 앉는다.

노트북을 열기가 겁난다. 어떻게 된 게 이 자리에만 앉으면 배가 고프든지 갑자기 커피가 당기든지 하다가, 갑자기 강아지 밥을 주고 왔는지 헷갈리고, 연락이 끊어진 친구가 잘 있는지 걱정돼 전화라도 하고 싶은 심정이 된다. 잡념 대잔치.

대본을 쓰면서 시간은 속절없이 흐르고 나 자신에 대한 믿음도 흘러가 버린 것 같다. 내가 나를 믿지 못하면 누가 나를 믿어준다고.

금세라도 잡힐 것 같던 파랑새는 "약 오르지롱~" 혀를 날름거리며 날마다 더 멀리 날아가 버린다. 어떤 날은 그만둘까 싶다가도 어떤 날은 약이 올라 이판사판 짱돌이라도 확 던져서 맞춰버리고 싶다.

약이 오른 마음과 좌절하는 마음이 얽혀 요상한 증상이 생겼다. 평소라면 나처럼 긍정적이고 태평한 사람을 찾기 힘들 텐데, 이제 나도 드디어 감정 기복이 심한 사람이 되었다. 예술가의 기질 획득! 이제 글만 쓰면 된다.

콜레트와 오드리 헵번의 만남

글은 안 써지고 뭉개진 자존감을 회복시켜 줄 뭔가가 필요하다. 여기저기 검색하다가 눈이 행복해지는 사진을 발견했다. 얼굴만 봐도 미소가 번지는 그 이름 오드리 헵번. 환하게 웃으며 공중부양하는 그를 보니 발로 대본을 써도 그가 연기해주면 명작이 될 것 같은 기분이 들었다.

무명인 오드리를 보고 스타성을 단박에 알아본 이가 있었으니 시도니 가브리엘 콜레트이다. 콜레트는 20세기 초 프랑스 문화의 아이콘이자 작가이다. 여성 최초로 공쿠르 아카데미 회장을 역임했고 레지옹 도뇌르 훈장을 받았으며, 그의 장례식이 국장으로 치러질 정도로 영향력이 대단했다.

내 워너비 작가인 콜레트와 오드리가 만나 불꽃이 튀었다. 1951년, 78세의 콜레트는 스물두 살의 오드리를 보자마자 자신이 쓴 소설을 각색한 브로드웨이 뮤지컬 〈지지〉의 주인공으로 낙점하고 자신 없어 망설이는 오드리를 설득했다.

연극은 막이 올랐고, 오드리는 콜레트의 손을 잡고 날아올랐다. 곧이어 1953년, 〈로마의 휴일〉이 개봉되면서 전 세계가 그녀와 사랑에 빠졌다. 그렇게 우리에게 익숙한 오드리 헵번이 탄생했다.

바로 이 시도니 가브리엘 콜레트의 일대기를 다룬 영화가 지난해 키이라 나이틀리 주연으로 개봉한 〈콜레트〉이다.

콜레트는 프랑스 작은 시골 마을 태생으로 열네 살 연상의 편집자 윌리와 결혼해서 파리로 온다. 파리 생활이 그리 행복하지 않았던 콜레트는 윌리의 낭비벽에 경제적 위기에 처하자, 자신의 경험을 바탕으로 《클로딘》이라는 소설을 쓰는데 이게 전 프랑스를 휩쓸어 버린다.

문제는 출판이 남편 이름으로 이뤄졌다는 것. 모든 공로가 남편에게 돌아가고 콜레트는 혼란을 겪는다.

소설이 선풍적인 인기를 끌자 클로딘 이름을 건 상품들이 쏟아져 나왔고 모두 완판을 기록한다. 다음 편을 출간해야 하는 남편은 콜레트를 감금하고 글을 쓰게 만드는데, 결국 콜레트는 이런저런 혼란과 갈등을 겪으며, 자신의 욕망을 발견하고 자신의 정체성을 찾아간다.

영화 속 콜레트를 연기한 키이라 나이틀리가 역대 자신

이 많은 배역 중에 최고라 꼽을 만큼 〈콜레트〉는 강렬하고 매력적이다.

내가 나로 오롯이 존재하는 삶

콜레트는 작가뿐만 아니라, 끊임없이 자신의 내면의 소리에 귀 기울이며 배우, 댄서 등에도 도전했다. 여성을 압박하는 수단으로 사용되는 사회적인 관습이나 타인의 시선에 갇혀 살기를 거부했다.

자신의 욕망에 따라 스스로 결정하는 삶을 택한 콜레트. 자신의 운명을 자신이 선택하고 개척한다는 것은 너무나 당연하고 외려 낡은 이야기처럼 들리지만, 살다 보면 이런저런 이유로 때로는 엄청난 용기가 필요한 일이다.

내가 나로 오롯이 존재하는 삶은 그때도 지금도 울림이 있는 까닭이 바로 여기에 있다. 이 점이 콜레트가 나의 워너비인 이유이기도 하다.

영화 속에서 "펜을 든 자가 세상을 바꾼다."라고 말했던 콜레트도 실제로는 매일 글 쓰는 일이 고통이라고 했다. 매번 새로운 것을 쓰지 못할 바에야 아예 글을 쓰지 말자고 다

짐했던 무수한 시간이 있었으며, 글을 계속 써야 하는지 확신을 갖지 못하고 두려운 날도 있었다. 오히려 두려움을 느껴야 안심했다고 한다.

어쩌면 글을 쓰는 모든 사람의 심정이 그럴 터. 콜레트를 떠올리며 나의 올해 목표를 되새긴다.

"주저앉고 싶은 마음이 들 때마다 너무 멀리 보지 말 것.

그저 한 걸음만 내디딜 것."

또다시 글은 못 썼지만, 오늘은 전기세만 낭비한 것 같지 않다. 나의 두려움과 불안을 옮겨서 새 희망의 정수박이에 들이붓고 싶은 용기가 일었기 때문이다.

도서관을 나오는데, 매일 보던 무인 도서반납기에 적힌 문구가 새삼스레 내 마음에 박혔다.

당신의 노력은 절대로 쓸데없는 일이 되지 않습니다. 마지막까지 꼭 믿어주세요. 마지막의 마지막 순간까지 믿어야 합니다.

_《나미야 잡화점의 기적》 중에서

나에 대한 믿음이 절실한 나는 혼자 괜히 가슴이 뭉클해졌다. 콜레트는 오드리의 손뿐만 아니라, 세기를 뛰어넘어 동방의 작은 나라에서 숨을 쉬는 내 손 또한 잡아주었다.

먼 훗날 나도 누군가의 손을 잡아주는 사람이 될 수 있을까?

날이 어두워지면서 기온이 뚝 내려갔다. 코가 쩽하다. 주머니에서 휴지를 꺼내 코를 푸는데, 눈물이 같이 나왔다. 안 슬픈데 눈물이 나는 건.. 힘든 건가?

씩씩하게 눈물을 닦으며 다짐한다. 콜레트처럼 펜을 들고 세상을 바꾸지 못하더라도 펜을 끝까지 붙잡고 응시하면서 내 틀, 내 편견, 내 무지와 생각이라도 바꿔보자. 적어도 내가 나에게 부끄럽지 않게.

_[새해엔 이 사람처럼] 20세기 초 프랑스 문화 아이콘이었던
작가 콜레트
20.01.27

흔들리고 아픈 중년을 위한 위로와 처방

명랑한 중년, 웃긴데 왜 찡하지?

지은이 문하연
발행처 도서출판 평단
발행인 최석두
디자인 별을 잡는 그물

등록번호 제2015-000132호
등록연월일 1988년 7월 6일

초판 1쇄 발행 2020년 07월 20일
초판 3쇄 발행 2021년 12월 20일

우편번호 10594
주소 경기도 고양시 덕양구 통일로 140(동산동 376) 삼송테크노밸리 A동 351호
전화번호 (02)325-8144(代)
팩스번호 (02)325-8143
이메일 pyongdan@daum.net

ISBN 978-89-7343-525-8 (03810)

ⓒ 문하연, 2020

· 잘못된 책은 구입하신 곳에서 바꾸어 드립니다.
· 책값은 뒤표지에 있습니다.

· 이 도서의 국립중앙도서관 출판시 도서목록(CIP)은 서지정보유통지원시스템 홈페이지
 (http://seoji.nl.go.kr)와 국가자료 공동목록시스템(http://www.nl.go.kr/kolisnet)에서 이
 용하실 수 있습니다. (CIP제어번호 : CIP2020024671)
· 저작권법에 의하여 이 책의 내용을 저작권자 및 출판사 허락 없이 무단 전재 및 무단 복제,
 인용을 금합니다.